혼자서도 할 수 있는

소상공인
모바일 비즈니스
컨설팅북

무료 모바일 홈페이지 · 앱 · 쇼핑몰 만들고 활용하기

혼자서도 할 수 있는
소상공인 모바일 비즈니스 컨설팅북

초판 1쇄 발행 · 2014년 08월 20일
지은이 · 황윤정
펴낸이 · 조주연
펴낸곳 · 앤써북
출판등록 · 제 382-2012-00007 호
주소 · 경기도 고양시 일산 서구 가좌동 565번지
전화 · 070-8877-4177
FAX · 02-2275-3371

정가 · 11,200원
ISBN · 979-11-85553-07-8   13320

이 책의 일부 혹은 전체 내용을 무단 복사, 복제, 전재하는 것은 저작권법에 저촉됩니다.
본문 중에서 일부 인용한 모든 프로그램은 각 개발사(개발자)와 공급사에 의해 그 권리를
보호하고 있습니다.

도서문의 · 앤써북 http://www.answerbook.co.kr

앤써북은 독자 여러분의 의견에 항상 귀기울이고 있습니다.

PREFACE

머리말

인터넷 주얼리 쇼핑몰을 창업한 후 그 경험을 토대로 온라인 가상 상점을 운영하는 방법을 책으로 펴낸 지 어언 12년이 흘렀습니다. 혹시 2002년 출간되었던 '나, 인터넷에 가게 차렸어' 책을 기억하시는 독자분들이 계실지 모르겠습니다.

돌이켜보면 어디서 그런 용기가 생겼는지, 성공기도 아닌 창업기를 당당히 내고 독자분들께 인사를 드렸다는 게 매우 송구스럽기도 합니다. 하지만 분에 넘치는 사랑을 받아 저는 제가 원하는 인생길을 찾았고 그 이후로 저와 눈높이를 함께 하는 많은 소상공인 창업자 분들과 함께 하는 삶을 시작할 수 있었습니다.

저는 어린 시절 아버지가 운영하시는 구둣가게에서 학교를 다녔으며 올해 75세이신 아버지께서 아직도 작은 구둣가게를 하고 계신 것을 뵈면서 평생 작은 가게를 애틋하게 운영하시고 자식들을 키우신 아버지의 노고를 잊지 못합니다. 단 하루도 가게를 나가시지 않은 날을 본 기억이 없으니까요.

아버지께서는 푸념삼아 요즘 정말 장사하기 힘들다고 자주 말씀하십니다. 중국산 싼 신발에 치여 가격이 무너지고 서민 경기가 죽으면서 제 값을 주고 신발을 사는 사람도 없다며 많이 달라졌다고 하십니다. 소위 인터넷 상점을 차리는 방법을 컨설팅하는 딸을 두셔서 인터넷으로 젊은 고객들이 다 이동하고 있다는 것도 아시지만 컴퓨터를 모르시는 아버지께는 온라인 시장은 그저 다른 세상일 뿐입니다.

저는 2009년부터 열린사이버대학 창업학과 학과장으로 장년층 창업자 분들과 조우하고 2011년부터 서울시 청년창업센터에서 청년기업가들을 지도하면서 스스로 창업시장에 뛰어들 수 밖에 없는 많은 청년과 장년 분들을 만나왔습니다.

삶의 현장에서 치열하게 생존의 고민을 하고 계시는 국내 600만 자영업자 분들이 요즘 얼마나 많이 힘드실지 누구보다 잘 알고 있습니다. 생태계가 너무 많이 바뀌어 정보의 격차가 너무 커져서 따라가기도 벅찬 것이 사실입니다. 그리고 무엇보다 자본력이 약하고 마케팅을 잘 할 수 있는 방법을 찾고 계시다는 것도 잘 압니다.

이에 저는 모바일 마케팅시대를 맞아 많은 소상공인분들이 막상 pc상으로 인터넷 사이트를 구축하고 관리하는데 어색함과 어려움을 느끼셨다면 지금의 모바일 기기를 활용한 마케팅은 보다 손쉽게 고객관리를 할 수 있는 툴이고 빨리 준비하셔서 활용하셔야 한다는 메시지를 전달하고 싶었습니다.

이 책은 어려운 이론도 아닌 실질적으로 모바일 서비스를 제공하기위한 방법론의 가지들을 안내하는데 역점을 둔 가이드 책입니다. 매우 간단하고 쉽다는 것을 아실 수 있으실 겁니다.

치열해지고 침체된 국내 내수 시장에서 소상공인 자영업자분들이 그래도 스스로 자신의 매장, 상품, 서비스를 홍보하고 알리는 마케팅능력을 키우시는데 작은 도움이 되길 진심으로 바래봅니다. 더불어 오늘도 하루 종일 작은 가게에게 열심히 구두 수선을 하고 계실 제 아버지께 딸로서 잘 키워주신 은혜에 감사드린다는 인사를 남기고 싶습니다.

소상공인 자영업자분들의 희망찬 미래를 위해!

2014년 7월 어느날
저자 황 윤 정

RECOMMEND

추 천 사

모바일족은 급증하는데 아직도 전통적인 마케팅 툴을 사용할 것인가?
모바일 시대! 모바일 고객과 시장을 제대로 이해하지 않으면 살아남기 어렵다. 이 책은 빠른 속도로 진화하는 고객을 사업현장에서, 강의현장에서 만나면서 먼저 부딪히고 경험한 저자가 소상공인을 향한 애정을 담아 모바일 마케팅 초보자도 쉽게 따라 할 수 있도록 쓴 소상공인을 위한 모바일 마케팅 길라잡이다.

-사회연대은행 **상임이사 박상금**

우리는 가족 간에도 스마트폰을 이용한 SNS로 소통하는 모바일 매트릭스에서 살고 있다. 인터넷 쇼핑몰 1세대 주자인 저자는 철저히 자영업자의 시각으로 이러한 모바일 소비행태 전반을 분석하고 다양한 인포그래픽을 활용한 정보와 성공적인 마케팅 솔루션을 제공하고 있어 한권을 다 읽을 즈음, 어느새 손안의 작은 가게가 탄생하도록 해주는 신기하고 마법 같은 책이다.

-서울신용보증재단 **소기업지원부장 김남표**

저성장시대로 접어들면서 국내의 많은 중소기업과 소상공인들에게는 고객에게 한발 더 빠르게 다가가는 현장 마케팅의 중요성이 더욱 부각되고 있다. 모바일 마케팅이야말로 현장중심의 마케팅이다. 이 책은 가장 최신 트렌드인 모바일 마케팅을 초보자도 쉽게 준비할 수 있도록 실무적으로 제시하고 있어 지금 우리에게 가장 필요한 필독서이다.

-(사)서울기업경제인협회 **회장 백문현**

내 손안에 작은 모바일 세상은 소비행태의 일대 변혁을 몰고 올 것이다. 소상공인도 빨리 고객의 스마트폰에 매장앱이 영구 설치되도록 마케팅해야 살아남을 수 있다. 책을 보면 30분 투자만으로 간단히 모바일 사이트와 쇼핑몰 그리고 앱까지도 구축할 수 있는 저자의 노하우가 들어있다. 속도가 경쟁력인 시대에 빠른 도전만이 기회를 얻을 것이다.

-소상공인시장진흥공단 **운영지원실장 김성근**

자영업자, 소상공인, 중소기업 상황에 따른
12가지 모바일 비즈니스 서비스 활용 맵

1단계 : 나는 어떤 일을 하는가?

나의 업종	추천 서비스	나의 업종	추천 서비스
음식점	비즈니스모델 3, 4, 7, 8, 9	컴퓨터 A/S	비즈니스모델 1, 2, 3, 4
커피전문점	비즈니스모델 2, 4	세일즈맨	비즈니스모델 1, 2, 3, 4
뷰티샵	비즈니스모델 3, 4, 9	동물병원	비즈니스모델 2, 3, 4
중개업	비즈니스모델 3, 4, 5	병의원	비즈니스모델 3
유통전문점	비즈니스모델 5, 6, 10, 11, 12	헤어샵	비즈니스모델 2, 3, 4
의류매장	비즈니스모델 3, 4, 10, 11, 12	휴대폰매장	비즈니스모델 2, 10, 11, 12
식품마켓	비즈니스모델 10, 11, 12	인테리어업체	비즈니스모델 2, 3, 4
스포츠클럽	비즈니스모델 2, 3, 4, 5, 6	렌트카업체	비즈니스모델 2, 3, 4
생활밀착매장	비즈니스모델 2, 3, 4, 9	안경전문점	비즈니스모델 3, 11
팬션, 여행업	비즈니스모델 2, 3, 4, 5, 6, 9,	독서실	비즈니스모델 2, 3, 4
여가생활업	비즈니스모델 2, 3, 4	카센타	비즈니스모델 3
문화사업	비즈니스모델 2, 3, 4	배달전문업체	비즈니스모델 3, 4, 6, 9
제조업체	비즈니스모델 2, 3, 4, 10, 11, 12	화장품매장	비즈니스모델 3, 4, 5, 11
중소기업	비즈니스모델 5, 6, 10, 11, 12	DIY 공방	비즈니스모델 2, 3, 4, 11
학원, 교육원	비즈니스모델 3, 4	세무사, 변호사 등 전문직업	비즈니스모델 1, 3, 4
학원강사	비즈니스모델 1		
방문교사	비즈니스모델 1	인터넷쇼핑몰	비즈니스모델 5, 6, 10, 11, 12
떡전문점	비즈니스모델 2, 4		

자영업자, 소상공인, 중소기업 상황에 따른 12가지 모바일 비즈니스 서비스

비즈니스모델 1
_꽁알

비즈니스모델 2
_모바일팜

비즈니스모델 4
_쿠킹엠

비즈니스모델 5_앱품

비즈니스모델 6_바이앱스

나는 자영업자인가? 소상공인인가? 중소기업인인가?

2단계 : 원하는 모바일 비즈니스는 무엇인가?

Q1	모바일로 업체·상품·서비스를 소개하고 싶으신가요?	▶ 모바일팜, 샵노트, 쿠킹엠
Q2	세일즈 홍보용 모바일 프로필 페이지가 필요한가요?	▶ 꿍알
Q3	간략한 매장 홍보 페이지가 필요하세요?	▶ 꿍알
Q4	결제가 가능한 모바일 샵을 운영하고 싶으신가요? 상품수 또는 서비스 품목수가 적으신가요?	▶ 마이소호
Q5	상품수 또는 서비스 품목수가 많으신가요?	▶ 메이크샵, 고도몰, 카페24의 모바일샵
Q6	모바일에서 예약 관리가 필요하신가요?	▶ 샵노트, 쿠킹엠
Q7	고객에게 정기적으로 쿠폰 등 이벤트를 하고 싶은가요?	▶ 앱품, 바이앱스
Q8	전단지를 통해서 매장 홍보하고 계신가요?	▶ 헬프피알, 멀티CRM
Q9	모바일 할인쿠폰, 모바일 이벤트 등으로 매장 홍보를 원하시나요?	▶ 멀티CRM, 씨온샵

소상공인 컨설팅 사례

Q	신촌에서 삽겹살 전문점을 운영하고 있는 자영업자입니다. 고객들이 휴대폰으로 예약 주문할 수 있는 모바일 홈페이지를 운영하고 싶은데요?
A	샵노트(122쪽) 또는 쿠킹엠(155쪽) 서비스와 함께 헬프피알(134쪽)과 멀티CRM(128쪽) 서비스를 추천합니다.

비스니즈모델 7_헬피피알

비스니즈모델 8
_멀티CRM

비스니즈모델 9
_씨온샵

비스니즈모델 10
_임대형 모바일샵

비스니즈모델 11
_마이소호

비스니즈모델 12
_홈요솔루션

CONTENTS

목 차

Chapter 01 모바일 비즈니스 시장 이해하기

1 모바일족, 제대로 알아야 고객으로 만들 수 있다 _12
- 01 모바일 시장 속 고객 패턴 이해하기 _12
- 02 모바일 쇼핑족 증가로 유통시장이 바뀐다 _21
- 03 인터넷 쇼핑과 모바일 쇼핑 패러다임 알아보기 _24
- 04 소상공인으로 성공하려면 모바일족의 소비 패턴을 이해하라 _28
- 05 모바일 쇼핑족이 대세, 제대로 알아야 고객으로 만들 수 있다 _34

2 모바일 비즈니스 시스템 이해하기 _38
- 01 모바일 앱과 웹의 차이점 이해와 접근 전략법 _38
- 02 모바일 주소 설정방법 이해하기 _43
- 03 모바일 결제시스템 이해하기 _46
- 04 모바일 광고시스템 이해하기 _49
- 05 모바일 로그분석 서비스 이해하기 _55

Chapter 02 소상공인 모바일 비즈니스 활용하기

1 한눈에 살펴보는 소상공인 모바일 비즈니스 도구 살펴보기 _62

2 무료 모바일 홈페이지 구축하기 _65
- 01 모바일 개인 프로필 & 프로모션용 페이지 만들기 _65
- 02 무료 모바일 비즈니스 홈페이지 만들기 _73

- 모바일팜으로 무료 모바일 홈페이지 만들기 _73
- 샵노트로 무료 모바일 홈페이지 만들기 _85

  CASE Consulting 모바일 홈페이지 구축하기 편 _95

3 모바일 소셜커머스형 홈페이지 구축하기 _96

01 쿠킹앱 솔루션으로 모바일 사이트 만들기 _99
02 쿠킹앱 관리자모드에서 모바일 사이트 꾸미고 관리하기 _102

  CASE Consulting 모바일 소셜커머스 구축하기 편 _111
  CASE Story 복싱다이어트 클럽 _112

4 모바일 앱 손쉽게 만들기 _114

01 무료 공개 소스로 앱 만들기 _115
02 임대형 솔루션으로 만들기 _127

  CASE Consulting 모바일 앱개발 쉽게 도전하는 방법 편 _129
  CASE Story 연세 열린 태권도장 _131

5 모바일 마케팅 솔루션으로 매장 홍보하기 _133

01 모바일 솔루션으로 매장 고객 관리 & 홍보하기 _133
02 위치기반 모바일 앱으로 고객 관리 & 홍보하기 _140

  CASE Consulting 기발한 모바일 마케팅 솔루션 활용하기 편 _144
  CASE Story 쭈꾸미 전문점 모바일 홍보 _145

6 모바일 쇼핑몰 만들기 _147

01 임대형 솔루션으로 모바일 쇼핑몰 만들기 _148
02 독립형 솔루션으로 모바일 쇼핑몰 만들기 _157
- 독립형 솔루션 유지 및 보수하기 _159

03 무료 모바일 쇼핑몰 만들기 _173

  CASE Consulting 모바일 쇼핑몰 구축하기 편 _178
  CASE Story 봉자샵 여성의류 모바일 쇼핑몰 _179

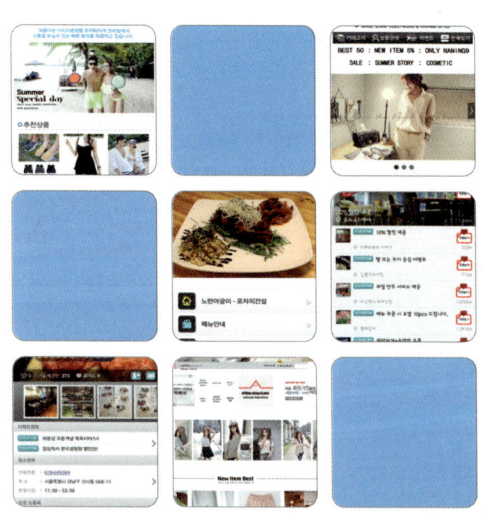

01 Chapter
모바일 비즈니스 시장 이해하기

01 • 모바일족, 제대로 알아야 고객으로 만들 수 있다.
02 • 모바일 비즈니스 시스템 이해하기

모바일족, 제대로 알아야 고객으로 만들 수 있다

01 모바일 시장 속 고객 패턴 이해하기

인터넷 서비스가 시작된 1995년 이후, 일상생활에서의 모든 부분에 인터넷이 접목되었다. 신문기사도 인터넷으로 보고 생필품조차 인터넷으로 구입을 빈번하게 하며 은행업무도 인터넷으로 해결한다. 우린 하루 종일 컴퓨터로 인터넷만 하고 있어도 심심하지 않고 생활 속 모든 것이 적절히 해결되는 시대에 살고 있다.

하지만 인터넷 사용도 불편할 때가 있다. 특히 이동 중에 인터넷 사용은 한계가 있기 때문이다. 그러나 스마트폰이라는 모바일 기기가 범용적인 기기가 되면서 인터넷 사용이 모바일 상에서 폭발적으로 사용되어지고 있다.

전 국민의 70%, 이미 모바일족!
모바일이 지닌 강점=이동성, 즉시성

미래창조과학부의 스마트폰 사용자 조사를 보면 2014년 4월 현재 약 3천 8백만 명이 스마트폰을 사용하고 있다. 전 국민의 70%에 해당하며, 그 수는 점점 증가하고 있다. 인터넷을 사용 하던 소비층이 이미 스마트폰을 사용하면서 모바일 상에서도 충분히 인터넷 검색과 정보 활용을 하고 있다는 이야기이다.

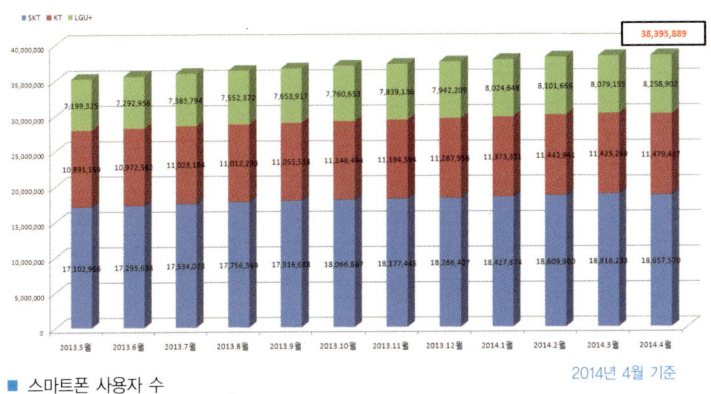

■ 스마트폰 사용자 수   2014년 4월 기준

인터넷에 비해 모바일이 가진 강점은 무엇일까? 바로 이동성과 즉시성이다. 이동하면서 즉시 접속해 정보를 보고 그 자리에서 소비할 수 있다는 장점이있다.

필자의 모바일 생활도 점점 바뀌어가고 있다. 모바일로 인터넷 접속이 실시간 이루어지면서 옆에 PC가 있어도 스마트폰으로 정보를 검색하는 일도 많아졌으며 지하철을 타고 다니면서도 필요한 제품의 쇼핑을 그 자리에서 마무리하기도 한다.

네이버 포털에서 대부분의 키워드 조회수 통계 결과
PC 조회수보다 모바일 조회수가 앞서

인터넷 비즈니스의 절대 강자, 네이버도 이미 주요 검색 키워드 조회수가 PC에서보다 모바일에서 높게 나타나고 있음이 확인되고 있다. 예를 들어 '대출' 키워드 조회수를 검색한 결과 PC상에서는 10월 기준으로 월 43,435건, 모바일에서는 47,019 건으로 조회되었다.

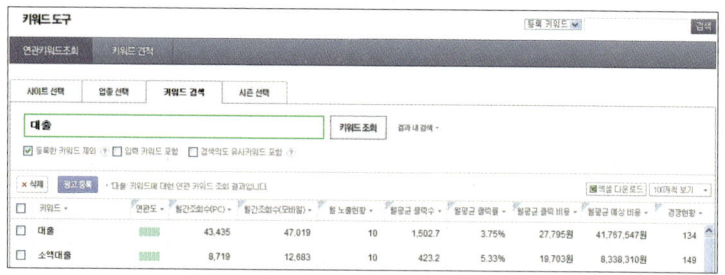

■ 네이버 모바일 조회수 : 키워드 (대출)

모바일 시장이 급속도로 커지면서 모바일로 비즈니스를 오픈하거나 기존 인터넷상의 비즈니스 중심을 모바일로 옮겨가려는 사업자들이 많아지고 있다.

그렇다면, 모바일에서 사용자들이 주로 이용하는 서비스는 어떤 것일까? 사용자의 행태를 알아야 모바일 시장의 현 주소를 알 수 있으니 해외(미국)과 국내의 스마트폰 사용자들을 비교해보자.

첫 번째, 해외 모바일족의 모바일생활 알아보기

모바일 시장이 형성되면서 SNS 사용, 온라인 쇼핑 시장 커져

우선 미국의 현황을 알아보자. 미국의 디지털제품 시장조사업체인 Comscore에서 2013년 발간한 모바일 트렌드 보고서에 따르면 모바일 기기가 다양해지고 사용자가 늘면서 가장 폭발적으로 성장세를 보인 부분은 인스턴트 메세징 분야였고 뒤를 이어 소셜네트워킹(SNS)분야, 보험서비스, 전자결제, eBook, 온라인쇼핑, 사진과 동영상 공유, 성인 엔터테인먼트, 데이팅서비스 등이 지난해 대비 40%이상 성장을 한 것으로 조사되었다.

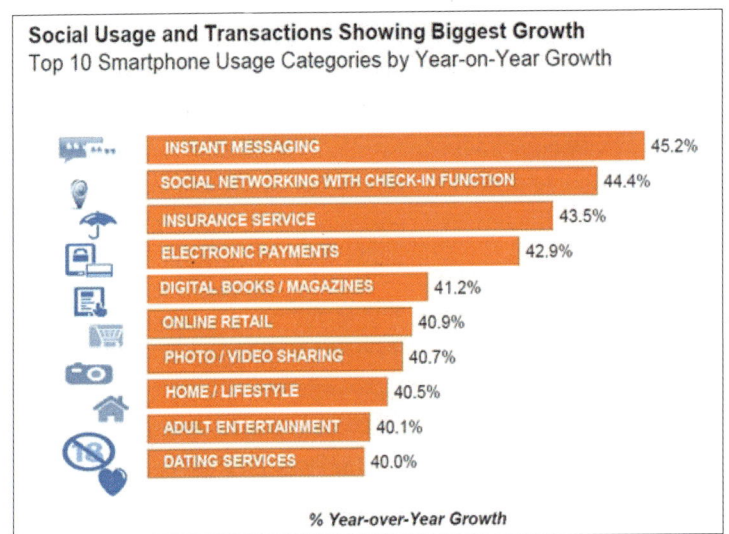

■ Comscore사의 모바일 트렌드 보고서

 Tip

인스턴트 메세징이란?

인터넷과 같은 네트워크를 이용한, 두 명 이상의 즉각적인(실시간) 텍스트 통신에 이용되는 메신저를 인스턴트 메시징(IM)이라고 한다. 인스턴트 메세징에는 카카오톡, 라인, 왓츠앱, 위챗 등이 있다.

또한 모바일 시장을 이끄는 데에는 비단 스마트폰만 있는 것이 아니라 태블릿PC도 있는데 위 Comscore사의 보고서는 PC와 스마트폰, 태블릿PC와의 사용처에 대한 비교도 제시하였다.

모바일 웹보다 앱 사용 선호

Smartphones and Tablets Show Different Media Usage Patterns
Top 10 Activities for Smartphones and Tablet Owners

Top Activities for Smartphone Audience		Top Activities for Tablet Audience	
% of Smartphone Users		% of Smartphone Users	
Sent text message to another phone	90.5%	Accessed search	73.9%
Took photos	83.4%	Used email	73.6%
Used email	77.8%	Accessed social networking	67.5%
Accessed weather	67.1%	Played games	66.3%
Accessed social networking	65.3%	Accessed weather	64.6%
Accessed search	58.7%	Accessed news	58.8%
Played games	52.9%	Accessed photo/video sharing site	51.5%
Accessed maps	51.2%	Read books	51.2%
Accessed news	49.2%	Watched video	50.9%
Listened to music on mobile phone	48.0%	Accessed retail	49.8%

■ Comscore사의 모바일 트렌드 보고서

스마트폰과 태블릿PC는 미디어 사용패턴에 있어서도 서로 다른 사용자 패턴을 보이고 있었는데 스마트폰은 주로 문자 메시지를 주고받거나 사진을 찍는 용도가 많다면 태블릿PC는 상품을 검색하거나 이메일서비스를 이용하는데 사용되고 있다.

또한 스마트폰에서는 모바일 웹보다 앱 사용을, 태블릿에서는 모바일 웹사용 비율이 높다고 조사되었다. 이것은 아마도 화면 크기의 차이에서 비롯된 편의성 때문으로 해석된다.

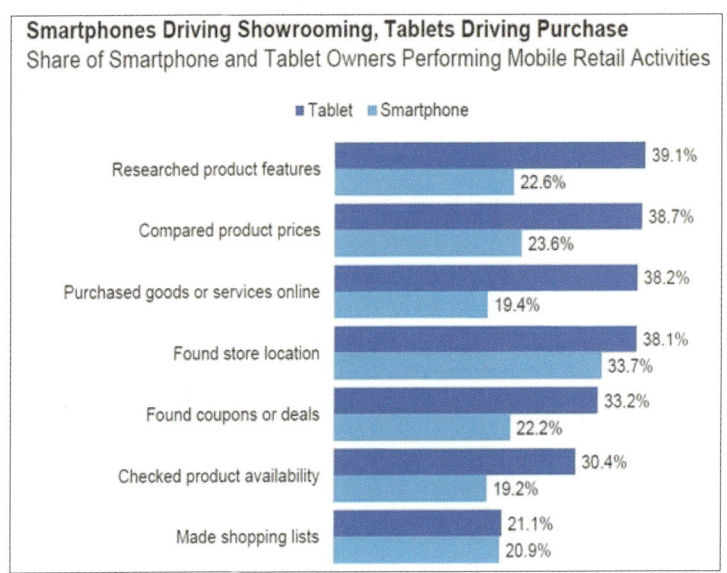

■ Comscore사의 모바일 트렌드 보고서

**스마트폰에서는 구매보다 검색에 치중, 구매는 태블릿PC에서 더 높아
태블릿PC는 주로 밤에 침대위에서 사용**

더 재미있는 조사내용은 스마트폰과 태블릿PC에서 상품검색과 구입에 대한 비교내용이다. 상품을 찾고 비교하고 온라인상으로 구매하는 데에는 주로 태블릿PC의 비중이 높았다.

스마트폰에서의 구입보다 태블릿PC에서의 구입량이 2배정도 차이가 났다. 스마트폰은 주로 구입할 상품 리스트를 만드는데 검색용도로 역할을 많이 하고 있다.

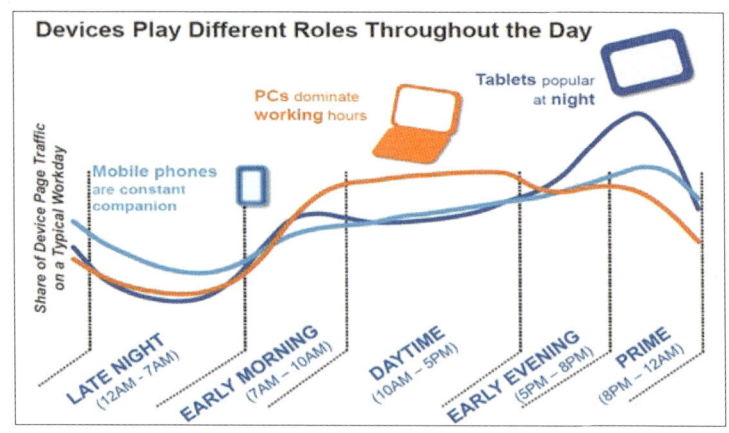

■ Comscore사의 모바일 트렌드 보고서

특이한 것은 스마트 디바이스마다 이용하는 시간대에 차이가 있다는 것이다. 스마트폰은 하루 종일, PC는 주로 근무시간, 태블릿은 밤시간에 주로 이용하고 있다.

미국인들은 스마트폰으로 거의 매일 상품을 구매한다는 비율이 14.1%, 일주일에 적어도 한번 구매하는 비율은 31%, 한 달에 1~3번 정도 구매하는 비율은 54.9%로 나타났다.

두 번째, 국내 모바일족의 모바일생활 알아보기

이번에는 국내 스마트폰 이용자의 사용행태를 살펴보자. 방송통신위원회와 한국인터넷진흥원은 매년 스마트폰 사용자 행태조사 결과를 발표하고 있다. 2012년 보고된 자료를 중심으로 살펴보면 다음과 같다.

스마트폰과 PC를 통해 인터넷을 이용하는 시간에는 차이 없어
젊은 세대, 여성이 더 모바일 접속 활발

우선 스마트폰을 구입한 계기는 '다양한 응용 소프트웨어(모바일 앱 등)를 이용하고 싶어서(66.2%)'가 제일 높았고 뒤를 이어 '수시로 인터넷을 이용하고 싶어서(52.7%)' 이용하기 시작한 것으로 조사되었다. 그래서인지 스마트폰 기능별 사용 비중 면에서도 유선통화(24.7%)보다 무선인터넷 및 모바일 앱(48.8%) 사용 비중이 높았다.

또한 스마트폰을 통한 인터넷 접속도 78.4%가 하루에도 여러 번 접속을 한다고 답했다. 스마트폰으로 인터넷을 사용하는 시간도 하루에 2시간이상인 사람이 38.2%로 PC를 통해 인터넷을 사용하는 것과 큰 차이가 없었으며, 2시간이상 사용하는 이들을 대상으로 비교해볼 때 세대가 젊을수록 비중이 더 높았으며 상대적으로 남성보다는 여성이 더 스마트폰을 이용하여 인터넷에 접속하고 있다.

모바일 접속경로는 모바일 웹사이트(53.1%)가 우위

재미난 것은 스마트폰을 통해 인터넷 활용시 모바일 웹페이지 활용이 높은지, 모바일 앱 활용이 높은지를 알아본 조사였는데 모바일 웹사이트가 53.1%로 활용도가 가장 높게 나타났고, 성별에 따른 스마트폰 인터넷 접속 경로에는 차이가 없는 반면, 연령별로는 30대 이하 인터넷 이용자는 주로 '모바일 웹사이트'를 통해 인터넷에 접속하고, 40대(42.5%) 및 50대(62.5%)는 '모바일 앱'이 주된 인터넷 접속 경로인 것으로 나타났다. 이는 젊은 세대들은 모바일 웹사이트 접속을 통해서도 웬만한 정보탐색이나 기능들을 적절히 활용하는 것으로 보인다.

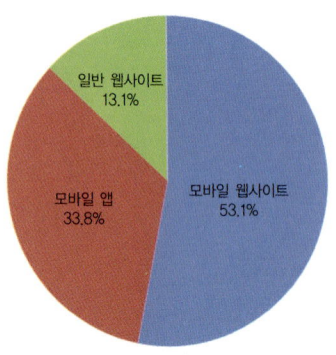

■ 스마트폰을 통한 인터넷 접속 경로 유형 1

구분	모바일 웹사이트	모바일 앱	일반 웹사이트
남성	55.3	33.1	13.6
여성	52.7	34.7	12.6
12~19세	62.2	26.4	12.4
20대	61.0	25.9	13.1
30대	56.1	29.9	14.3
40대	38.6	42.5	18.9
50대	37.5	62.6	0.0

■ 스마트폰을 통한 인터넷 접속 경로 유형 2

전체적으로 요약해보면, 스마트폰 사용자도 이미 대다수를 차지하고 있으며 30대 이하의 젊은이들에게 모바일은 이미 생활속에서 친숙한 매체라는 것, 쇼핑시장에 있어서도 이미 기존 인터넷 사용패턴을 그대로 모바일 시장에서도 이용하고 있다는 점을 알 수 있다. 인터넷 비즈니스를 하고 있는 업체라면 반드시 모바일 비즈니스를 하고 있어야 하고, 인터넷 비즈니스를 하고 있지 않은 업체라도 모바일은 이제 피할 수 없는 시장이 되었다라는 것을 알아야 한다.

02 모바일 쇼핑족 증가로 유통시장이 바뀐다

국내 온라인 쇼핑 시장규모는 2012년 47조 6,450억 원으로 전년대비 18.0%의 높은 성장률을 보였다. 한국온라인쇼핑협회 자료에 따르면, 인터넷쇼핑 거래규모가 전년대비 14.5% 증가율을 보이며 37조 2,050억 원을 기록, 온라인 쇼핑시장 총 거래규모의 78.1%를 차지하였다. 나아가 향후 온라인 쇼핑시장 거래규모가 지난 3개년 연평균 성장률(2010~2012년: 7.0%)보다 두 배 이상 높은 성장률(2012~2014년: 16.4%)을 보이며 큰 폭으로 확대될 것으로 전망하였다.

모바일 쇼핑시장, 해마다 4~5배 이상 큰 폭으로 상승할 것으로 예상

여기에서 아직은 온라인 쇼핑시장 전체 거래규모에서 모바일 쇼핑이 차지하는 비중은 여전히 낮은 수준(3.6%)이라 볼 수 있다. 그러나 모바일 쇼핑의 경우 전년대비 3배 가까이 성장하여 1조 7,000억 원을 기록하였다. 100%이상 증가하는 추세를 볼 때 매해 놀라운 규모로 성장할 것임을 알 수 있다.

구분	2007	2008	2009	2010	2011	2013
카달로그쇼핑 (증가율)	650	650 (0.0%)	730 (12.3%)	770 (5.5%)	770 (0.0%)	820 (6.5%)
TV 홈쇼핑 (증가율)	3,900	3,900 (2.3%)	4,700 (17.8%)	5,680 (20.9%)	6,530 (15.0%)	7,920 (21.3%)
인터넷 쇼핑 (증가율)	15,380	17,960 (16.8%)	22,030 (22.7%)	27,240 (23.6%)	32,480 (19.2%)	37,205 (14.5%)
모바일쇼핑 (증가율)		2 –	10 (400%)	300 (2,900%)	600 (100%)	1,700 (183%)
총합계 (증가율)	19,930	22,602 (13.4%)	27,470 (21.5%)	33,990 (223.7%)	40,380 (18.8%)	47,645 (18.0%)

■ 국내 온라인 쇼핑시장 규모_자료 : 한국온라인쇼핑협회(2011, 2013) (단위 : 십억원)

국내 모바일 쇼핑 시장규모는 2012년 1조 7,000억 원에서 2014년에는 약 4~5배 이상 성장하여 약 7조 6000억 원에 달할 것으로 전망된다고 한다.

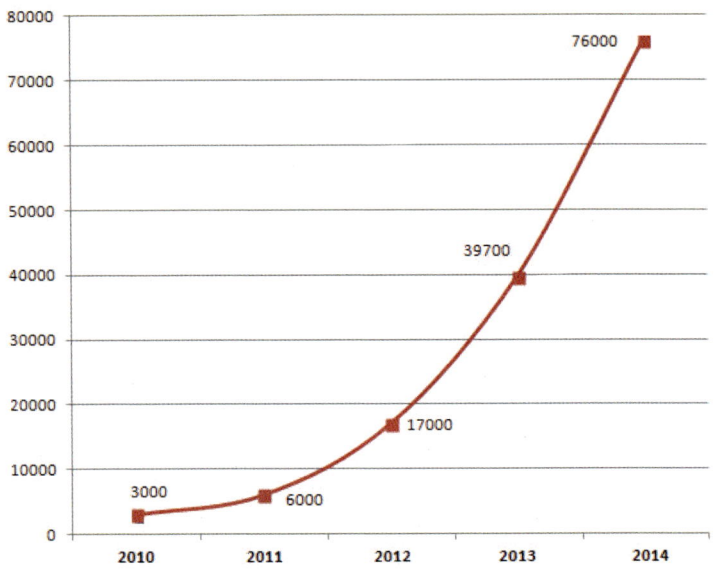

■ 국내 모바일 쇼핑시장 규모_자료 : 한국온라인쇼핑협회(2013)

이렇듯, 가파르게 성장하는 국내 모바일 쇼핑 시장에서 많은 기존의 인터넷 쇼핑몰 업체들은 치열한 경쟁을 예고하고 있는데 이미 종합 쇼핑몰과 TV홈쇼핑몰, 인터넷 포털, 소셜커머스업체까지 모바일 쇼핑 시장에 진입하며 시장 내 경쟁이 가열 되고 있는 상황으로 볼 수 있다.

현재 국내 모바일 시장은 PC 시장과는 달리, 무주공산(無主空山)
누구나 모바일 시장의 강자가 될 수 있어

최근 국내에서는 모바일 쇼핑 시장을 선점하기 위해 오픈 마켓과 소셜커머스를 주축으로 모바일 플랫폼 투자 등을 강화하며 시장을 키우고 있다.

점점 모바일 쇼핑 시 다양한 할인 혜택과 프로모션이 제공되어 상시 할인 효과를 누릴 수 있게 되어가고 주문절차, 결제의 불편함이 점차 해소되어가고 있어서 모바일 쇼핑의 편의성이 더욱 증대될 것이다.

인터넷 쇼핑몰 시장이 생겨난 지 15년이 넘는 지금에서 PC기반의 인터넷 쇼핑시장에서는 어느 정도 입지를 다지고 있는 쇼핑몰 강자들이 정해져 있었다면 모바일 쇼핑시장의 새로운 구도에서 경쟁이 벌어지고 있다는 점이 다르다. 누가 먼저 모바일 쇼핑 시장을 선점하고 선도하느냐에 따라 향후 인터넷 비즈니스 시장을 가늠해 갈 수 있을 것이다.

즉, 모바일 환경에서는 채널간 시장의 경계가 무너지고 모든 업체들이 동시다발적인 경쟁구도를 구축중이다.

이는 모바일 환경과 무관할 것 같았던 음식점, 커피전문점, 뷰티샵, 의류매장, 팬션 및 여행업, 학원, 중소기업 등 소상공인, 자영업자들에게도 시장에서 살아남을 수 있는 중요한 경쟁 도구로 활용되고 있고, 그 활용 비중 역시 가파르게 상승하고 있는 추세이다.

인터넷 쇼핑과 모바일 쇼핑 패러다임 알아보기

PC기반 인터넷 쇼핑과 모바일 쇼핑의 차이는 무엇일까? 또한 모바일 쇼핑시장이 가지는 가장 두드러진 특징은 무엇일까?

■ PC기반 인터넷 쇼핑 VS 모바일 쇼핑 패러다임 비교

구분	PC기반 인터넷 쇼핑	모바일 쇼핑
접속 방법	PC를 통해 유선 인터넷에 접속	모바일 기기를 통해 무선 인터넷에 접속
주요 특성	시간 제약 없음/공간 제약 있음	시간 및 공간 제약 없음
주이용 플랫폼	웹	웹/어플리케이션(앱)
주요 업체	오픈마켓, 인터넷 쇼핑몰	소셜커머스
결제 수단	신용카드, 계좌이체	모바일 소액 결제, 신용카드, 계좌이체

■ 출처 : DMC미디어의 DMC리포트(www.dmcreport.co.kr)

■ PC기반 인터넷 쇼핑 VS 모바일 쇼핑 구매행동 비교

구분	PC기반 인터넷 쇼핑	모바일 쇼핑
구매단계	카테고리나 이벤트에 따른 판매자 중심의 정보제공	SNS를 이용한 신뢰기반의 정보로 구매계획
주요 특성	고객 스스로 비교/타쇼핑몰 검색	전문가, 지인을 통한 추천 및 비교
구매	쇼핑몰내에서 해당상품을 클릭구매	타인과의 구매유도(그룹구매, 소셜 지인 공동구매)
배송	쇼핑몰 접속 상품위치 파악/문자메시지 가능	배송과정에 대한 개인화 SNS
이용후기 및 피드백	후기를 올리면 쇼핑몰상품권 받음	구매자 공개로 상호질의가능 충성고객에 대한 보상

■ 출처 : 정보통신연구원(2013), '스마트 모바일 환경에서 모바일쇼핑에 대한 소비자의 인식'

가장 큰 차이점은 '이동성과 즉시성'
즉시 현장에서 이동 중이라도 쇼핑할 수 있어

기존 PC기반 인터넷 쇼핑과 모바일 쇼핑의 가장 큰 차이점은 '이동성과 즉시성'으로 볼 수 있다. 이것은 기기환경 자체에서 오는 차이점으로 볼 수 있는데 PC상에서의 인터넷 쇼핑은 고정된 자리에서 가능하지만 모바일 쇼핑은 이동 중 언제라도 제품을 비교해보고 구매를 시도할 수 있다는 것이 가장 큰 차이점이자 장점으로 꼽을 수 있다. 즉, 시간과 공간의 제약 없이 이용자가 원하는 때와 장소에서 무선인터넷에 접속해 쇼핑 할 수 있다는 것이다.

또한 모바일 쇼핑은 '앱(어플리케이션)'이라는 모바일 환경에 최적화된 소프트웨어를 통해 쇼핑을 할 수 있다는 점도 기존 인터넷 쇼핑과 대비되는 주요 특징으로 볼 수 있다.

개인들의 1:1 맞춤서비스 강화 가능

특히, 모바일 쇼핑에서는 쇼핑족들의 '개인화' 속성을 좀 더 마케팅적으로 활용할 수 있는 최적의 공간이 될 수 있다. 가령, 고객 맞춤형 상품 제안이나 맞춤형 정보 제공을 전달하고 즉시 사용가능하도록 할 수 있기 때문이다

실제로 스마트폰을 사용하다보면 이동 중에서 온·오프라인 업체로부터 맞춤 할인쿠폰이나 서비스 내용들을 받아보고 그 즉시 눌러보았던 경험이 있을 것이다. 이는 고객은 언제나 실시간 접근할 수 있게 되고 있다는 것을 의미한다.

■ 모바일 속성에 따른 모바일 쇼핑의 특징

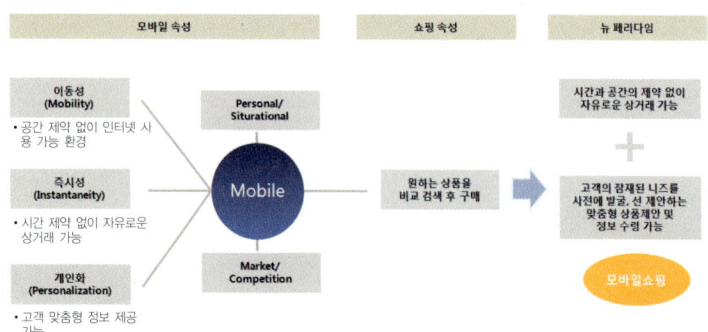

■ 국내 모바일 쇼핑시장 규모_자료 : KT경제경영연구소(2013), '모바일커머스 시대, 상거래의 모습은 어떻게 바뀌나' 재구성

모바일 쇼핑시장에서 소셜커머스 업체들이 약진

현재 모바일 쇼핑시장에서 가장 많이 이용되고 있는 쇼핑채널은 어디일까? 한국DMC에서 조사한 자료(2013, 모바일시장현황)에 따르면 모바일 쇼핑시장 내 소셜커머스의 이용률이 60.1%로 가장 높게 나타나고 있으며, 11번가, G마켓과 같은 오픈마켓이 57.6%로 그 뒤를 잇고 있다.

지금까지의 온라인 쇼핑 시장에서는 11번가, G마켓, 옥션 등의 오픈마켓의 이용률이 소셜커머스보다 매우 높은 반면, 모바일 쇼핑시장에서는 소셜커머스 업체의 이용률이 상대적으로 높게 나타나고 있다.

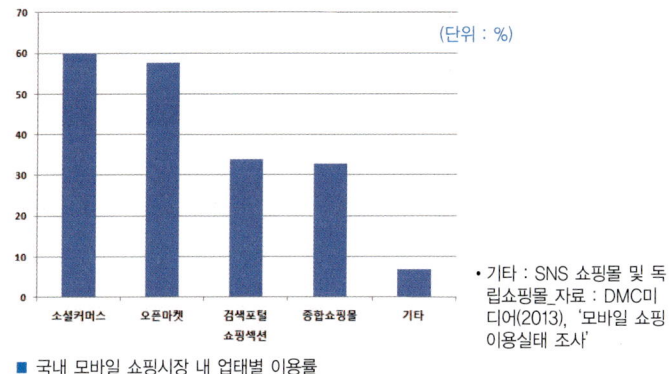

- 기타 : SNS 쇼핑몰 및 독립쇼핑몰_자료 : DMC미디어(2013), '모바일 쇼핑 이용실태 조사'

■ 국내 모바일 쇼핑시장 내 업태별 이용률

그야말로 소셜커머스가 국내 모바일 쇼핑시장을 선도하고 있다는 얘기인데 소셜커머스의 경우 제한된 화면 안에서 특정 상품을 저렴한 가격에 '제안'하는 형식이라 PC보다 모바일쇼핑이 활기를 띠고 있다는 분석이다. 티몬, 쿠팡, 위메프 등 주요 소셜커머스 업체들은 이미 모바일 결제비중이 전체 매출비중에서 50%이상을 상회하는 것으로 조사되었다.

이에 반해 전자상거래의 전통적 강자인 오픈마켓과 홈쇼핑 등은 모바일 결제 비중이 20% 안팎이다. 옥션, G마켓, 11번가 3사의 모바일 매출 비중은 각각 18%, 15~20%, 13~15% 정도이다. 이들 업체는 모바일 앱 사용자인터페이스(UI)개선, 큐레이션서비스의 도입 등을 통해 모바일 서비스를 개선해 나가고 있는 상황이다.

04 모바일족의 소비 패턴을 이해하라

모바일 쇼핑의 이용자 수는 지속적으로 증가하고 있다. 한국DMC의 자료를 살펴보면 2013년 상반기 기준 PC기반 인터넷 쇼핑사이트 이용자의 절반 수준으로 약 1,500만 명으로 추산된다고 한다.

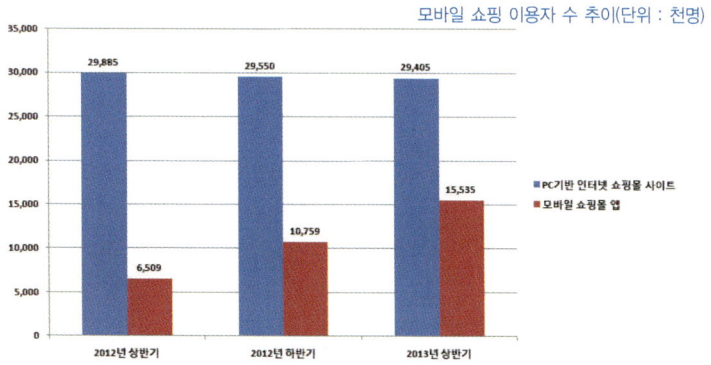

■ 국내 모바일 쇼핑 이용자 수_자료 : 정보통신 정책 연구원(2012), 국내 온라인 쇼핑 시장 현황 및 전망

스마트폰을 이용해 인터넷 쇼핑을 하는 비율은 23.8%
실제 스마트폰 이용자의 57.9%는 모바일 쇼핑 경험자

그렇다면, 모바일을 통한 모바일 쇼핑패턴은 어떠할까? 우선 아직까지 인터넷 쇼핑을 하는 주된 기기로는 데스크탑이 89%로 나타났는데 지난해(2013)에 비해 8.7% 감소한 것으로 나타났다. 반면에 스마트폰을 이용해 인터넷 쇼핑을 하는 비율은 23.8%로 지난해(2013)에 비해 9.2% 늘어났다. 점점 스마트폰을 통한, 모바일 쇼핑이 많아질 것이라는 것을 알 수 있다.

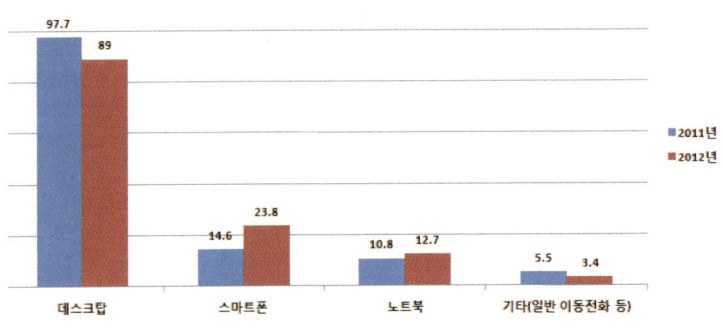

■ 인터넷 쇼핑 이용 비율

실제 스마트폰 이용자의 57.9%는 상품이나 서비스를 구매한 경험이 있는 '모바일 쇼핑 경험자'이며, 67.3%는 스마트폰을 통해 '상품이나 서비스 정보 검색'을 한 경험이 있는 것으로 나타났다.

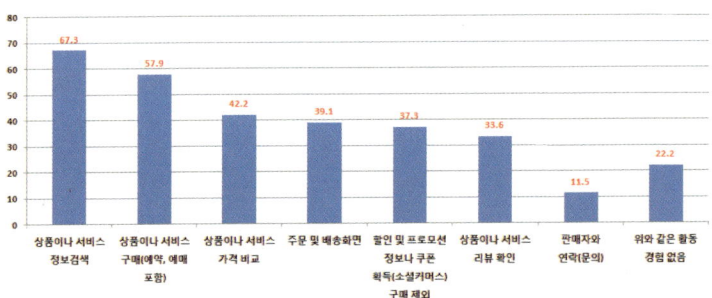

■ 스마트폰을 통한 모바일 쇼핑관련 활동

스마트폰 이용자가 이미 전 국민의 70%를 넘고 있는데 이중 약 60% 정도가 모바일 쇼핑으로 상품을 구매한 경험이 있다는 조사결과이다. 스마트폰 이용자가 주로 젊은 세대임을 감안할 때 이미 모바일 쇼핑이용은 생활 속으로 들어온 것이라는 것을 알 수 있다.

스마트폰을 통한 모바일 쇼핑의 주요 구매 품목은 '의류, 신발, 스포츠용품, 악세서리(58.3%)'이며 45.1%는 '영화, 공연 등 예약·예매'를 하는 것으로 나타났다. 다음으로 '쿠폰(30.5%)', '화장품(30.2%)', '도서·잡지(29.9%)', '식료품(26.7%)', '교통, 여행 등 예약·예매(22.7%)' 등의 순으로 조사되었다.

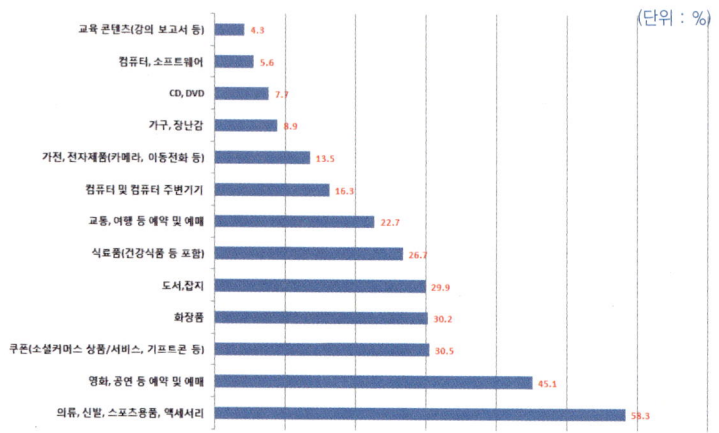

■ 스마트폰을 통한 모바일 쇼핑 구매 품목

주로 인터넷 쇼핑을 통해 구입하는 품목과 유사한 제품들을 모바일 기기에서도 검색하고 살펴보는 것을 알 수 있는데 특이한 것은 쿠폰을 활용하는 비율이 30% 정도를 차지하고 이는 모바일 쇼핑에서 가장 두드러진 활용성을 보이는 아이템이라 할 수 있다.

모바일 비즈니스로 성공하려면 여심을 공략하라

한국DMC에서 조사한 '모바일 쇼핑 이용실태 보고서(2013)'에서는 응답자의 약 66.7%가 모바일 쇼핑 이용 경험이 있으며, 여성(77.3%)이 남성(60.6%)보다 적극적으로 모바일 쇼핑을 활용하고 있는 것으로 나타났다. 인터넷 쇼핑시장이 초기에 남성위주였음을 감안해볼 때 차이가 나는 부분이다. 또한 모바일 쇼핑 이용자 절반 이상 (61.3%)이 월 1~3회 모바일 쇼핑을 이용하는 것으로 나타났다.

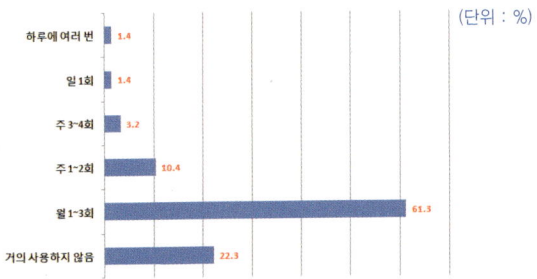

■ 모바일 쇼핑 빈도

모바일족의 주 이용 시간대를 잡아라

재미있는 조사결과로는 모바일 쇼핑은 취침 전, 오후 21~24시 사이에 주로 이용하고 있다는 점이다. 모바일 쇼핑의 주이용 시간대는 오후 21~24시 이전으로 모바일 쇼핑 이용자의 약 40.3%가 해당 시간대에 모바일 쇼핑을 이용하고 있으며 남성보다는 여성의 이용비율이 상대적으로 높게 나타났다.

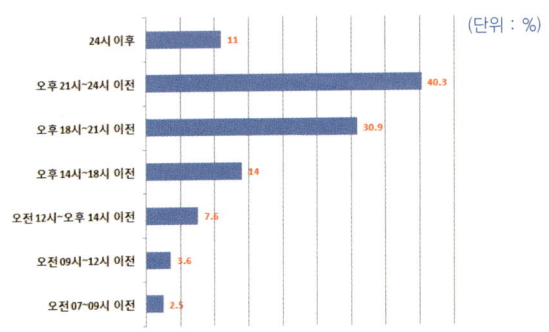

■ 모바일 쇼핑 주 이용 시간대

주 이용 시기는 잠자기 전의 비율이 42.1%로 가장 높게 나타났는데 여성은 잠자기 전(51.7%)에 주로 모바일 쇼핑을 이용한다는 답변이 매우 높았는데 반해, 남성은 일과 중 쉬는 시간(22.5%), 차량 이동중 (21.9%), 잠들기전(35%) 등으로 고루 분포되는 경향이 있다.

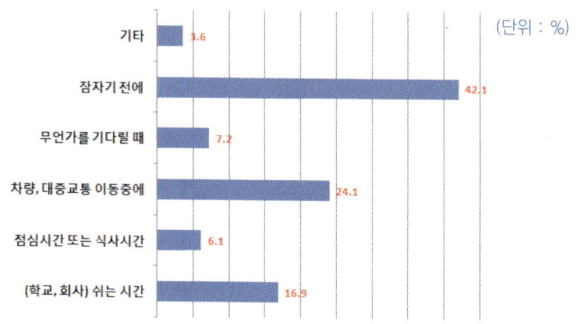

성별에 따라 앱&웹 접속 방법은 다르다

남성들이 주로 앱 접속을, 여성들은 웹(포털) 접속을 이용

모바일 쇼핑의 주 이용 경로로는 '설치된 쇼핑몰 어플리케이션을 직접 접속하여(60.1%)', '포털사이트 검색을 통해(57.2%)', '상품을 모아서 제공하는 메타사이트를 통해 (22.3%)' 순으로 나타났다. 성별 간에 큰 차이는 없었지만 남성들이 주로 앱 접속을, 여성들은 포털사이트 접속을 이용하는 것으로 조사되었다. 아직은 두 경로간에 차이는 적다고 생각된다.

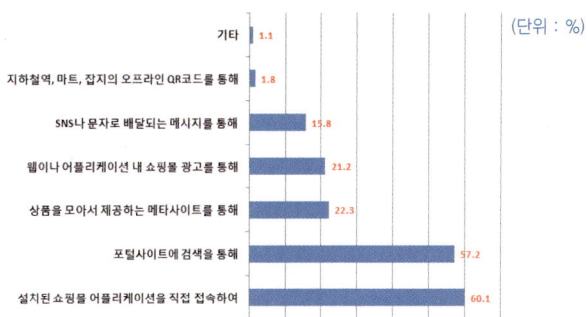

■ 모바일 쇼핑 이용경로_자료 : DMC미디어(2013.3), 모바일 쇼핑 이용실태 조사

모바일 쇼핑을 선호하는 이유로는 '시간 및 장소의 제약 없음'이 84.8%로 가장 높고, 저렴한 가격, 쿠폰 및 포인트 등의 할인 혜택도 모바일 쇼핑 이용의 주된 이유였다. 또한 향후 모바일 쇼핑 이용 의사에서도 48.9%가 의사가 있다고 하여 모바일 쇼핑 이용자는 계속 증가할 것으로 전망된다.

05 모바일 쇼핑족, 제대로 알아야 고객으로 만들 수 있다

모바일 쇼핑 시장을 선도하려는 많은 업체들이 각각 자사의 서비스를 이용하는 고객들을 대상으로 분석 자료를 내놓고 있는데 관련 내용들을 토대로 현재 모바일 시장에서 활동하는 쇼핑족들의 특징을 자세하게 알아보자.

모바일 쇼핑족과 인터넷 쇼핑족 특징 달라
여성이 압도적, 특히 엄마들 이용율 높아
모바일맘이라는 신조어 등장

중요한 관점은 모바일 쇼핑의 쇼핑 패턴과 고객 특성이 기존 인터넷 쇼핑몰과 큰 차이를 보인다는 것이다. 모바일 쇼핑 주 이용 고객은 여성으로 GS샵은 모바일 쇼핑 방문자 중 80%가 여성이라고 밝혔다. 롯데닷컴의 경우도 모바일 쇼핑몰 전체 이용 고객의 43%가 27~34세 여성이라고 한다. 애경그룹 AK몰이 모바일 쇼핑 '터치AK몰' 1주년을 기념으로 회원 매출을 분석한 결과도 성별 비중에서 여성이 76%로 압도적으로 높게 조사되었다. 또한 여성 중에서는 주부의 모바일 이용도 높은 편인데 티몬 조사에서 보면 카테고리별 매출 비중에서도 엄마들의 모바일 쇼핑이용이 높다는 것을 알 수 있다. 회원을 대상으로 한 옥션의 조사결과에서도 구매 품목은 성별, 연령별 차이가 있다고 하였는데 여성은 '의류 및 잡화' (39%)와 '식품 및 유아용품 등 생필품' (43%)를 주로 구매하고, 남성은 여성에 비해 '생활용품과 취미용품' (11%), '가전과 IT기기' (16%) 구매가 많은 편으로 조사됐다.

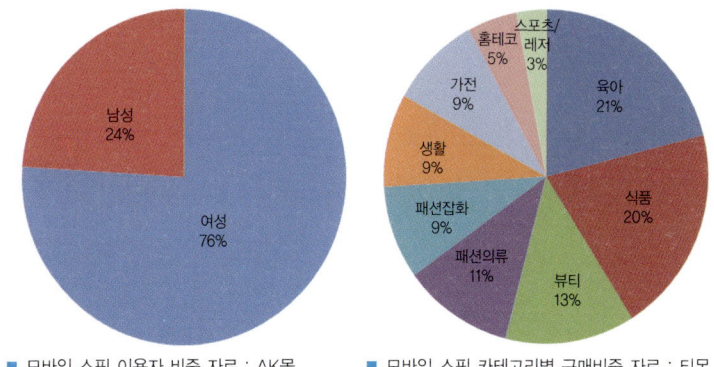

■ 모바일 쇼핑 이용자 비중_자료 : AK몰   ■ 모바일 쇼핑 카테고리별 구매비중_자료 : 티몬

모바일 쇼핑은 "30대 여성이 잠자리에 들기 전의 시간을 노려야 한다"는 통설 생겨

또한 연령대별로 살펴보면 30대가 47.9%를 차지했고 20대가 36.8%로 뒤를 이었다. 결국, 20~30대의 사용자 비중이 84.7%로 대부분을 차지하는 셈이다. 자료에서 보면, 모바일 쇼핑이 주로 이루어지는 시간대는 밤 9시에서 자정 사이 매출이 전체의 21%를 차지했으며 정오부터 오후 3시 사이 매출이 17%로 조사되었다고 한다. 업계에서는 대체로 '모바일 쇼핑은 30대 여성이 잠자리에 들기 전의 시간대를 노려야 한다.'고 얘기되는 이유이다.

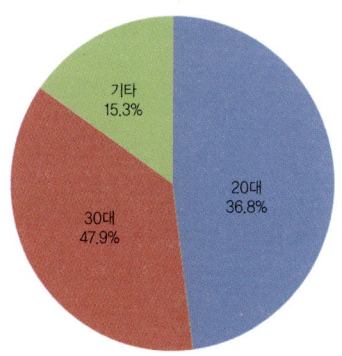

■ 모바일 쇼핑 이용자 연령별 비중_자료 : AK몰

모바일 쇼핑 주문이 가장 몰리는 시간대는
출퇴근 시간인 오전 6~9시, 오후 6~10시이며 주말도 인기

하루 중의 쇼핑 시간대도 다르다. 인터넷 쇼핑의 경우 출퇴근 시간대 매출이 저조하고, 오전 10시~낮 12시와 오후 2시~4시 매출이 높은 반면 모바일에서는 시간대별 영향을 크게 받지 않고 꾸준히 거래가 일어난다. 특히 모바일 쇼핑 주문이 가장 몰리는 시간대는 출퇴근 시간인 오전 6~9시, 오후 6~10시라는 조사 발표도 있다.

그리고 모바일 쇼핑은 주말에 더 인기이다. 롯데닷컴의 경우 주말에 접속하는 무선 인터넷 전송량이 평일의 2.1배이며, 11번가에서는 모바일 쇼핑 전체 매출의 25%가 주말에 발생한다고 조사되었다.

모바일 쇼핑을 하는 이유는 PC보다 더 많은 할인혜택 때문에

사용자들이 모바일 쇼핑을 하는 이유는 PC보다 더 많은 할인을 해주기 때문이다. 아무래도 모바일 쇼핑시장이 갖는 이동하면서 즉시 구입할 수 있다는 특징을 십분 살리려는 업계의 마케팅노력이 더해지다 보니 자연스럽게 모바일에서 사면 더 가격이 내려가는 경우가 많았다.

필자의 경우도 모바일 쇼핑을 자주 이용하게 되었는데 처음 이용하게 된 계기는 같은 상품인데도 인터넷으로 구매하는 경우보다 모바일로 구매하는 경우가 더 가격할인이 되기 때문이었다.

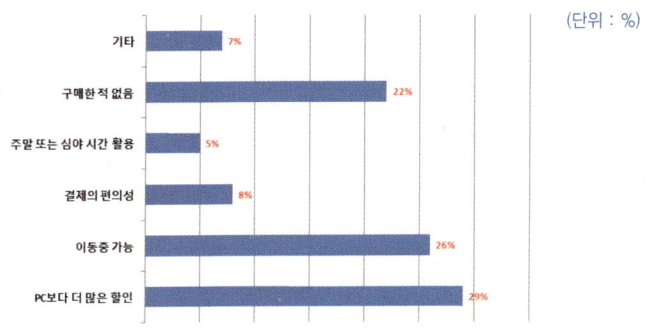

■ 모바일 쇼핑 이용계기_자료 : 현대홈쇼핑

앞으로 모바일 쇼핑 고객들이 늘어나면서 점점 단순 검색서비스에서 개인화 상품추천 등 좀 더 심화된 모바일 쇼핑경험에 대한 요구가 늘어날 것으로 예상된다. 모바일 기기가 가지고 있는 단점, 예를 들면 화면이 작다든지 하는 환경적 제약을 뛰어넘는 쇼핑 환경을 제공하는 것이 기업들의 숙제가 될 것이다.

> **Tip**
>
> **모바일 시장 통계 자료 구하기**
>
> 모바일 시장에 대한 통계 자료를 구하고 싶을 때, 참조할 만한 곳을 소개한다. Digital Media & Marketing Intelligence Center의 DMC리포트(http://www.dmcmedia.co.kr/pr/marketinginsight.html)인데, DMC는 디지털 미디어&광고마케팅 분야 연구/조사/분석 미디어이다. 매월 정기적으로 뉴스레터를 발행하는데 시장을 알 수 있는 요긴한 자료들을 잘 정리해서 보여줌으로 시장 트렌드 이해에 도움을 받을 수 있다.

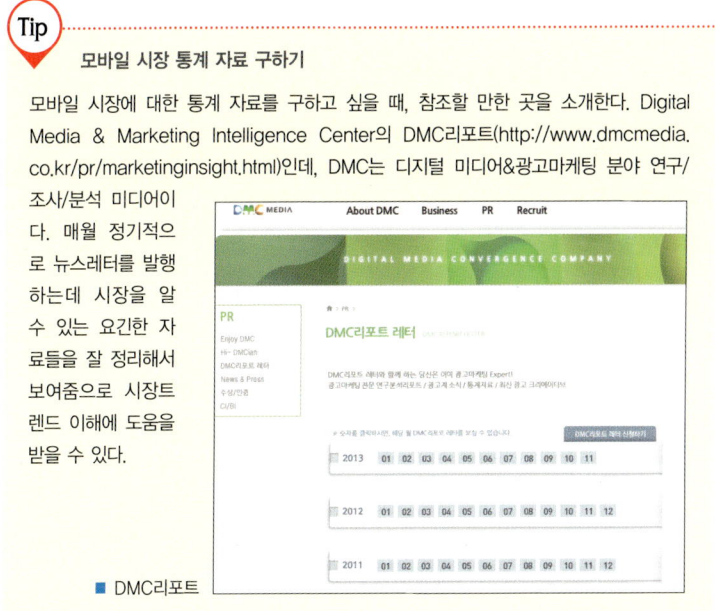

■ DMC리포트

모바일 비즈니스 시스템 이해하기 2

01 모바일 앱과 모바일 웹의 차이점 이해와 접근 전략법

모바일족이 많아지면서 당연히 모바일 비즈니스를 준비해야하는 업체들이 많아졌다. 그런데, 실제로 모바일 비즈니스를 어떻게 준비하면 좋을까를 생각하면, 첫 번째 고민이 모바일앱을 만들어야 하는지 아니면 모바일 웹을 만들어야 하는가이다.

모바일 쇼핑 플랫폼은 '웹' 보다는 '앱' 이 강세

모바일 쇼핑몰을 구축하려는 시도에도 모바일 상의 브라우저에서 보이는 모바일 웹(Web, 웹사이트 형태)과 소프트웨어 유형의 '앱(APP, 어플리케이션)' 이 있다.

필자 역시 필요에 따라 업체의 앱을 별도로 다운받아 설치 한 후 바로 접속하며, 앱 설치가 귀찮은 생각이 들면 모바일기기 브라우저의 주소창(❶)에서 직접 업체의 모바일주소를 입력하여 접속합니다.

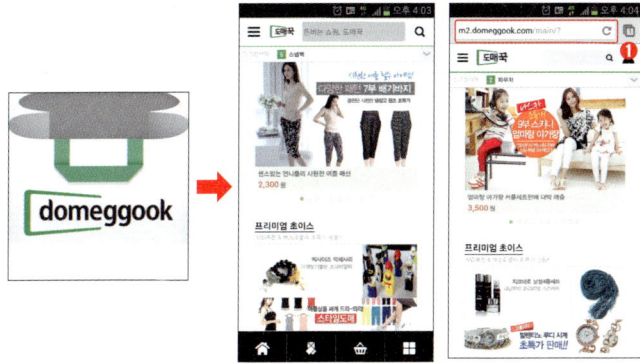

■ 모바일 앱 실행하여 쇼핑몰에 접속하는 사례

■ 모바일기기에서 기본 브라우저, 크롬, 사파리, 오페라 등 인터넷에 접속할 수 있는 브라우저의 주소창에 모바일 쇼핑몰 주소를 입력한 후 접속하는 사례

DMC보고서에 따르면 모바일 쇼핑 이용자들은 모바일 쇼핑 시 주로 '웹' 보다는 '앱' 을 통해 사이트에 접속 하는 것으로 나타났다고 한다. 이는 모바일 환경에서 가장 최적화된 소프트웨어인 '앱' 을 이용했을 때 이용자의 편의성이 상대적으로 더 크기 때문이라고 판단할 수 있겠다.

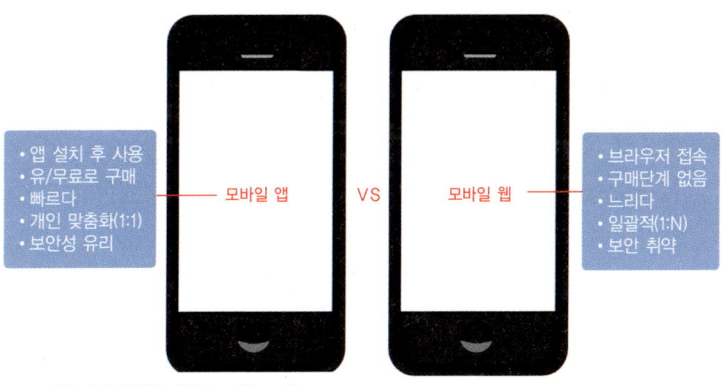

■ 모바일 쇼핑 플랫폼 선호도 : 앱 vs 웹

최근 들어 소셜커머스 업체들이 치열한 모바일 시장 점령을 노리면서 자사의 앱을 다운로드 시키기 위해 파격적인 할인이벤트를 진행하고 있음을 보게 된다. 사실 앱을 한번 다운로드 받기가 귀찮아서 그렇지 한번 설치하면 지울 방법을 찾는 것도 어려워 그대로 사용하는 이들이 많다. 즉, 영구적인 1:1 고객 커뮤니케이션 툴이 설치된 셈이다.

모바일 전문가들에게, 과연 모바일 비즈니스를 시작하려는 이들이 모바일 웹을 만들어야 하는 것인지, 모바일 앱을 만들어야 하는 것인지에 대해서 질문해보았다. 대부분의 전문가들은 기업의 상황과 목적에 따라 맞춰서 구축하면 된다는 입장이었다.

쉽게 말해, 알아서 하라는 의미로 들렸는데 본 저자의 입장은 두 가지를 모두 준비하는 것이 필요하다는 것이다. 여기서 자영업자, 소상공인들에게 얘기하고 싶은 부분은 바로 모바일 앱과 웹의 장단점에 대한 것이다.

모바일 앱과 웹의 장단점 파악
사업자 입장에서는 두 가지 서비스 모두 제공해야

DMC리포트에서도 조사된 것처럼 소비자 입장에서 보면 모바일 웹은 별도의 설치과정 없이 모바일 웹브라우저로 접속해 마치 인터넷 서핑을 하면서 정보를 찾듯이 아무런 불편 없이 서핑을 하면 되기 때문에 편리하다. 그러나 속도가 느릴 수 있다는 점과 소비자 개개인에 맞춘 서비스를 받는 데에는 제한이 있을 수 있다는 단점이 있다.

반면에 모바일 앱은 설치를 해야 하는 귀찮음이 있지만 설치만 되면 이벤트 소식 등을 직접적으로 받을 수 있고 그 즉시 확인 등 꽤 쏠쏠한 쇼핑을 할 수도 있다는 장점이 있다.

모바일 웹은 소비자의 편의성 측면에서 제공
모바일 앱은 고객 1:1 관리 툴로 제공

다시 말해 모바일 웹페이지는 소비자의 편의성 측면에서 제공을 해야 하고 고객을 1:1로 관리할 수 있는 반영구적인 서비스를 제공하려면 앱을 제공하는 것이 필요한 것이다.
현재 모바일족들은 조사기관에 따라서 사용경로를 보면 모바일 웹이 앱보다 다소 높거나 다소 낮다. 어찌 보면 아직은 큰 차이없이 비슷한 사용을 하고 있다고 볼 수 있겠다.

본 저자의 경험을 들어보자. 처음 스마트폰을 사용할 때는 웹브라우저를 통해 인터넷 검색을 하는 것이 가장 자연스럽고 편했던 일이었다. 지금도 인터넷을 사용하기위해 스마트폰을 꺼낼 때는 주로 브라우저를 통해 포털에 접속하여 PC상서 했던 것처럼 이용을 한다.

쇼핑도 마찬가지, 모바일 웹 브라우저를 통해 쇼핑몰을 찾고 둘러보면서 즉시 구매를 하곤 한다. 지하철 이동 중에도 물건을 사곤 하는데 시간을 아낀다는 생각에 재미도 쏠쏠하다.

그러다, 특별히 어떤 쇼핑몰에서 앱을 설치하면 추가 혜택을 준다는 메시지를 보게 되고 이에 유혹되어 앱을 설치하곤 한다. 한번 할인을 받기위해 앱을 설치하는 것이 귀찮긴 하지만 그 귀찮음보다 쇼핑몰에서 제시하는 혜택이 더 크다고 느껴질 때는 설치를 하고 만다. 설치를 하고나면 시시때때로 스마트폰에 메시지가 뜬다. 오늘 하루만 특가!, 모바일 앱 결제시 추가 5천원 할인 제공 등 맞춤형 이벤트 공지를 보면 또 결제를 하게 된다.

이것은 웹브라우저를 들어가지 않고서도 메시지만 보고 앱을 통해 주문을 하게 되는 셈이다. 지정된 자리에 컴퓨터가 없어도 수시로 쇼핑몰과 고객과 대화가 가능해진 것이다. 모바일 앱 고객은 매우 쉽게 충성고객이 될 수 있으며 앱을 별도로 지우지 않는 이상, 반영구적인 고객채널이 만들어진 셈이다. 정말 매력적이지 않은가?

Tip

네이티브 앱 VS 하이브리드 앱 VS 모바일 웹앱 이해하기

모바일 앱에 대해 정보를 알아보면서 소위 앱의 종류도 개념적으로 많다는 것을 알게 되었다. 바로 네이티브 앱, 하이브리드 앱, 웹앱이란 개념이다.

HTML5의 유행과 손쉽게 만들 수 있다는 장점으로 정보성 앱은 대부분 웹앱으로 만들어진다. 앱을 사용했을 때 어찌 보면 모바일 웹브라우저로 서핑하던 것과 서비스 차이가 크게 안 느껴진다면 그런 앱들을 웹앱으로 부른다고 생각하면 된다.

즉 HTML로 화면을 만든 앱으로 프로그램 개발자의 80%를 차지하는 웹 개발자가 쉽게 모바일 개발을 할 수 있다는 장점으로 많은 앱들이 웹앱으로 만들어지고 있다.

하지만 웹앱은 단말기에서 웹페이지가 뜨는 방식인 앱이기 때문에 속도가 느리다는 단점이 있고, 만들고 싶은 모바일앱의 UI가 제한적이고 앱마켓(iOS)에는 앱등록이 불가능하다는 단점이 있다.

반면 네이티브 앱은 단말기의 OS업체(구글,애플)에서 제공하는 개발방식으로 만드는 것으로 속도가 빠르고 스마트폰 자체가 제공하는 고급기능을 활용하는 화려하고 좋은 UI개발이 가능한 앱이다. 주로 자바와 C언어로 만들어진다. 고급기능이라 하면 전화연결, 카메라구동, GPS 활용과 같은 모바일 기기가 가지고 있는 하드웨어적인 성능이 앱에 연결되는 것을 말한다. 다만 이런 네이티브 앱은 안드로이드 계열과 아이폰 계열에 맞춰 두 가지 버전으로 개발을 해야 하기 때문에 개발비가 두 배로 든다는 단점이 있다. 이런 측면에서는 웹앱은 추가 개발비가 소요되지 않는다.

하이브리드 앱은 네이티브 앱과 웹앱의 중간지점에서 나온 개발방식으로 네이티브 방식의 장점과 앱의 장점을 혼합한 것이라고 생각하면 된다. 웹페이지에 바코드, 그림판 기능 등 장치를 연결할 수 있는 방법을 고안한 것으로 HTML5 웹표준 언어가 사용된다.

네이버 앱 같은 것들이 속한다고 볼 수 있으며 UI는 웹페이지 방식을 사용하여 개발하지만 화면전환이나 하드웨어 연동기능들이 들어간 앱을 말한다. 단, 단점으로는 폰갭과 같은 하이브리드 앱 프레임워크를 제공하는 개발사의 기술에 의존해야 하는 문제와 장치연동 등은 가능하나 기존 웹앱의 느린 속도를 개선하지 못한다는 한계가 있다고 한다.

이처럼 앱의 개발방식도 다양하다는 것을 알 수 있었는데 현재 많은 앱개발에서 애용되고 있는 방식은 하이브리드 앱 방식으로 보인다. 이는 웹 방식이 네이티브 방식보다 컨텐츠를 제공하는데 있어 편리하다는 장점이 있기 때문에 주요 검색 포털이나 종합쇼핑몰 등 큰 IT 기업의 앱들은 하이브리드 앱 종류가 많다.

02 모바일 주소 설정방법 이해하기

모바일 주소는 m.achime.co.kr와 같이 일반적으로 웹도메인 앞에 www 대신 m이라는 주소표시가 되어있다. 이와 같은 모바일 주소를 세팅하고자 할 때는 원래 도메인을 구입했던 것처럼 또 하나의 모바일 주소를 구입하는 것이 아니다.

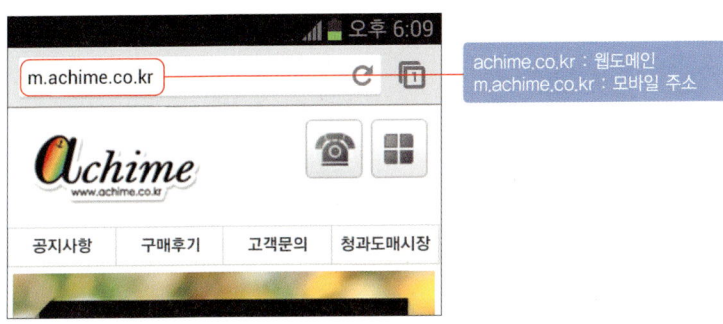

이것은 서버세팅에 관련된 문제로 도메인등록대행사가 아닌 호스팅회사에 문의전화를 걸어 네임서버 연결시 m.achime.co.kr 서브도메인을 추가 연결하도록 신청을 하면 된다. 이때 모바일 홈페이지 경로를 호스팅업체에서 물어보기 때문에 솔루션 업체에 한 번 더 확인하는 과정이 필요하다. 신청절차는 문의 한번으로 간단히 지원된다.

사실상 서브도메인은 ftp폴더 안에 모바일용 홈페이지 데이터가 들어있는 서브 폴더를 만들고 해당 폴더안 데이터가 연결되는 별도의 도메인을 따로 만들어 링크를 설정하는 방식이다. 그렇기 때문에 서브도메인은 여러 개 만들어 세팅할 수 있다. 가령, cafe.achime.co.kr, blog.achime.co.kr, news.achime.co.kr 등이다. 쉽게 생각해보면, 주택의 경우 주택의 주소지까지가 도메인이고 1층이냐 2층이냐 나누는 것이 www 또는 m을 붙이는 방식으로 생각하면 된다. 따라서 m이 아닌 임의로 mobile을 붙일 수도 있는 것이다.

그렇다면 서브도메인 활용의 장단점은 어떻게 되는지 정리해보면 다음과 같다.

서브도메인 활용의 장점	서브도메인 활용의 단점
• 공짜로 만들 수 있어 비용을 절감할 수 있다. 단, 신규등록은 안된다. • 하나의 사이트로 여러 사이트를 운영하는 효과가 있다. • 브랜딩 효과가 있다. • 카테고리화가 가능하다.	• 서브도메인마다 세팅작업이 필요하다. • 검색엔진이 메인도메인과 서브도메인사이트를 별개의 사이트로 인식, 검색엔진 최적화에는 크게 도움이 되지 않는다는 평이 많다. • 사이트의 컨텐트 제공영역을 큰 차이가 없을 경우에는 필요하지 않다.

추가적으로 최근의 솔루션은 고객이 모바일로 접속한다면 모바일용 홈페이지로 바로 출력되도록 설정을 해줄 수 있게 되어있다. 가령, 다음 그림과 같이 모바일기기의 브라우저 주소창에서 'naver.com'을 입력했을 때 m.naver.com 화면으로 바로 뜨도록 되어 있는 것과 같은 원리이다.

■ 모바일 주소로 자동 변환되는 상태

> **Tip**
>
> 무료 웹 DNS서버 제공 사이트

보통 도메인은 호스팅업체를 통해 도메인 네임서버(DNS)를 연결하도록 되어있지만 독립 서버 등 직접 서버세팅을 하는 경우, 도메인 네임서버를 별도로 구축해야 하는 경우에 도움을 주는 서비스이다.

즉, DNSEver(https://kr.dnsever.com)는 도메인은 보유하고 있으나 네임서버가 없는 경우, 네임서버 구축 또는 관리가 어려운 분들을 위하여, 안정적인 네임서버를 제공하고 있는 곳이다. 자주 IP가 변경되는 유동IP 환경에서도, 자신의 컴퓨터에서 인터넷 서버를 구축할 수 있다.

또한 여러 곳의 도메인 등록업체를 이용하더라도 DNS 서비스를 통합하여 관리할 수 있으며 전용 IDC에 설치되어 있고 최고의 시스템 전문가가 항상 최적의 네트워크 및 서버 환경을 유지하기 때문에 안정적이라는 평가를 받고 있다. 이곳에서도 얼마든지 서브도메인을 세팅할 수 있다.

■ 무료 DNS서버 제공 사이트

03 모바일 결제시스템 이해하기

모바일 홈페이지나 모바일 쇼핑몰을 구축하면서 별도의 모바일 결제시스템을 연결하는 것에 어려움을 생각하진 않아도 된다. 일반적으로 PC상에서의 결제시스템을 제공하던 PG사에서 모바일 결제 서비스를 함께 제공하고 있기 때문에 주로 이용하는 모바일 쇼핑몰 솔루션업체에서 이미 제휴로 연결을 해놓았을 것이다.

임대형 쇼핑몰솔루션을 제공하는 업체들도 모바일샵에서의 결제도 PC상에서와 동일하게 이루어지게 세팅되었으며 수수료도 인터넷 쇼핑몰 구매 시의 수수료와 같게 제공하고 있다.

모바일 쇼핑몰 업체인 메이크샵은 PC PG 아이디로 모바일 PG 아이디에 입력만 하면 5개 신용카드 PG사와 핸드폰 다날 연동되어 있다. 또한 PC와 모바일 PG 아이디가 구분되어 있어 사용 여부 조절이 가능하고 모바일 전용 PG 셋팅도 가능하다.

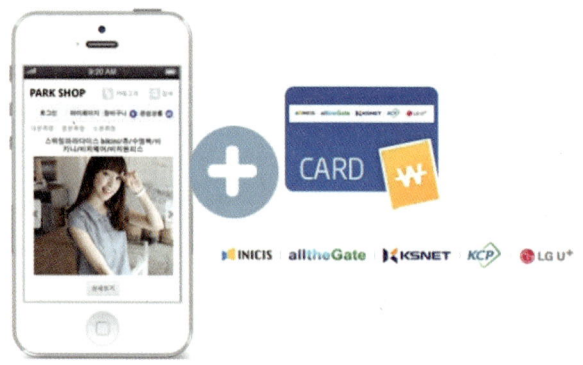

■ 메이크샵의 모바일샵 내 PG사 연동

주요 PC사마다 이미 모바일 결제를 서비스하고 있기 때문에 신용카드 결제 부분에 대해서는 염려할 필요가 없다. 기존 PC 쇼핑몰에서 이용하던 ID 그대로 모바일 결제관리자 모드도 관리할 수 있게 되어 있다. 다만 그림에서 보듯이 삼성 올앳과 LG U+는 모바일 결제 신청을 별도로 승인절차를 두고 있으며 온라인 매출과 모바일 매출을 구분해서 정산받기 위해서는 신청서를 보내야 한다.

신청구분	이니시스	KCP	올더게이트	삼성올앳	이지페이	LGU+	세틀뱅크
모바일용 PC아이디 신청	× 기존 ID 사용	× 기존 ID 사용	× 별도등록 없음	× 모바일 매출 구분시 별도신청	× 기존 ID 사용	× 모바일 매출 구분시 별도신청	× 기존 ID 사용
PC 정보 등록	○ 기존정보 등록	○ 기존정보 등록	× 별도등록 없음	○ 승인후등록	○ 기존정보 등록	○ 승인후등록	○ 자동등록

■ 모바일 PG사 연결방법 - 고도몰 발췌

또 하나, 스마트폰 상에서는 스마트폰이기 때문에 신용카드에 이어 휴대폰 결제가 빈번하게 이루어질 수 있다. 실제로 한국인터넷진흥원의 스마트폰 사용실태조사 자료에 따르면 모바일 쇼핑 경험자는 스마트폰을 통해 상품이나 서비스 구매 시 주로 '신용카드 결제 (72.2%)'를 하는 것으로 나타났지만 '휴대폰 소액 결제'를 하는 경우도 45.4%로 조사되었다. 이에 모바일 쇼핑몰에서는 휴대폰 결제를 제공하는 것이 필요하다.

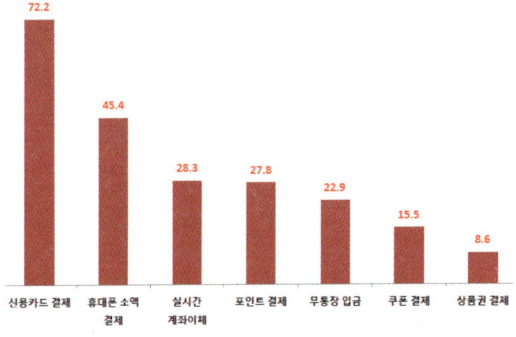

■ 스마트폰을 통한 모바일 쇼핑 시 결제 방법

모바일 결제 상식, 휴대폰 결제의 이해

휴대폰 결제는 휴대폰 번호와 주민등록 번호를 이용하여 결제할 수 있으며, 결제대금은 휴대폰 이용요금에 합산되어 청구되는 결제 서비스이다.
신용카드로 결제할 수 없는 1,000원 미만의 소액결제 가능하다는 점이 편리하다. 주로 디지털 컨텐트 구입에 사용되어져 왔다.
정산 입금시기가 휴대폰 요금에 청구되어 정산된다는 것과 결제 금액이 이동 통신사가 설정한 한도 내에서만 가능(고객별로 차등하게 적용)하는 것을 알아두어야 한다.

구분	LGU+	KT	SKT	비고
주민번호 한도/월	90만원	90만원	90만원	가입일 및 이용자 등급에 따라 한도 차등 적용
전화번호 한도/월	30만원	30만원	30만원	
1회 한도	28만원	28만원	28만원	
결제 제한 이용자	미성년요금제, 법인명의전화, 미납상태전화, 기타 상점제한 적용한 이용자			
취소 가능 기간	거래일을 포함한 해당월 말일까지			

■ 휴대폰 결제 이용 한도 - LG U+ 발췌

04 모바일 광고시스템 이해하기

모바일 광고라고 해서 특별한 것은 없다. 기존 인터넷 광고시스템과 함께 동일한 광고관리 시스템을 이용하면 되며 단지 모바일 섹션에 대한 광고 설정만을 별도로 세팅하면 된다.

네이버의 경우, 광고주를 위한 광고관리 시스템(http://searchad.naver.com/)을 운영하고 있다.

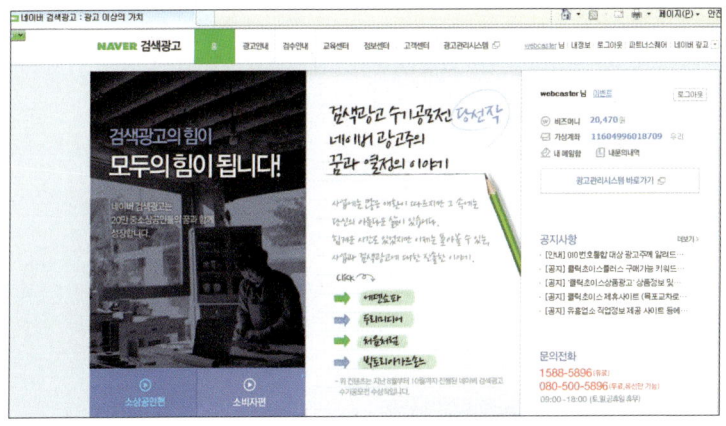

■ 네이버 광고관리시스템

광고주로 신규가입을 하면 광고주관리시스템에 바로 로그인을 할 수 있는데 일반적으로 모바일 광고는 크게 3가지 영역으로 나눠볼 수 있다.

❶ 모바일 키워드광고
❷ 모바일 배너광고
❸ 모바일 컨텐츠 네트워크

첫 번째 모바일 키워드 광고는 기존의 PC상의 인터넷 광고를 진행할 때 네이버 모바일 페이지에서의 검색결과에도 함께 노출할 것인지를 결정하는 설정단계의 일이다.

즉, 과일이란 키워드를 광고문안과 사이트 링크주소, 입찰단가 등을 설정을 하면 광고등록이 되는데 이때 키워드 그룹 전략이라는 기능을 통해 모바일 검색시 노출을 할 것인지 등을 조정할 수 있다.

단, PC상의 네이버 파워링크에서는 최대 10개까지 입찰단가에 따라 순위가 노출되지만 모바일 검색시 네이버에서는 최대 3~5개까지만 노출이 된다는 것이 다르다. 클릭당 지출되는 모바일 키워드 광고단가는 PC상의 키워드광고 단가와 동일하다. 최저 입찰가는 클릭당 70원이다.

각 키워드 그룹별로 모바일에 노출을 할 것인지, 노출을 하지 않을 것인지 등을 그룹전략을 통해 설정하면 된다.

그룹전략 메뉴 중 검색네트워크 부분에서 모바일 검색 시 키워드 노출은 on(광고를 집행)으로 설정하면 모바일 상에서 키워드 검색 시 노출이 된다.

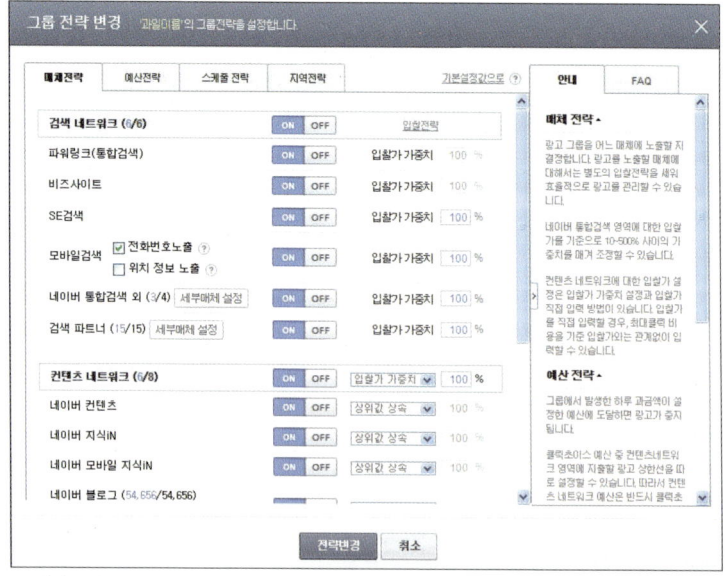

■ 네이버 키워드 그룹전략 설정

두 번째, 모바일 배너광고는 네이버 모바일을 보다보면 띠형태의 배너가 보이는 경우가 있다. 그림에서처럼 뉴스 기사 중간에 띠 배너광고가 바로 모바일 배너광고이다.

네이버 모바일 배너는 네이버 모바일 페이지와 다양한 모바일 파트너의 배너영역에 3가지 형태로 노출이 가능하다. 이미지, 텍스트, 롤링 배너 등의 형태이다. 그야말로 텍스트는 텍스트만 적어도 광고배너가 되는 것이고 배너사이즈에 맞춰 이미지로 제작

■ 네이버 모바일 배너광고

도 가능하며 여러 이미지를 롤링하는 방식으로도 올릴 수 있다.

네이버 광고주 광고관리시스템에서 모바일 배너를 클릭하면 된다. 다음과 같은 화면이 나오는데 우선 모바일 배너는 등록불가업종이 있다. 주로 선정적이거나 음란성 컨텐츠 등과 같은 업종이다.

광고정보입력란을 살펴보면, 먼저 광고유형은 3가지 구분으로 되어 있는데 모바일웹, 앱다운로드, 앱실행이다. 물론 앱다운로드와 앱실행은 iOS, 안드로이드 환경이 구분되어 있다. 이것은 배너광고를 모바일에 올릴 때 소비자가 클릭하고 나서 어떤 화면으로 링크할 것인지를 선택하는 것이다.

웹만 있다면 모바일웹으로 선택하고 앱도 있다면 웹과 앱 중에서 고민하면 된다. 키워드 태그 입력란이 있는데 해당 광고를 특정 키워드의 화면에 노출하기 위해 광고주가 선택하는 것이다.

광고금액은 배너지만 클릭당 이루어지면 최소 100원에서부터 시작한다. 롤링형은 클릭당 120원이다. 광고예상금액을 설정할 수 있는데 최소 3000원부터 정해놓고 시작한다. 3000원으로 설정해놓고 클릭당 모두 빠져나가면 광고는 멈추는 것이다. 금액은 더 높여도 상관없다.

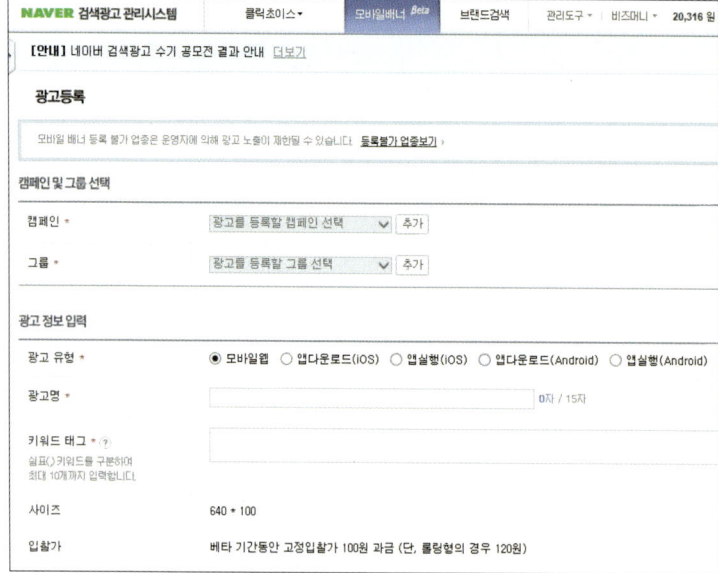

■ 네이버 모바일 배너광고

바로 이어서 텍스트와 이미지, 롤링형 이미지를 등록하면 쉽게 완성된다. 텍스트는 해당 화면에서 바로 광고글자만 입력하면 광고가 만들어지는 형태이고, 이미지와 롤링 이미지는 사이즈에 맞춰 제작한 후 올리면 된다.

■ 네이버 모바일 배너광고 이미지 등록 화면

세 번째, 모바일 컨텐츠 네트워크는 매우 간단한다. 앞서 그룹광고전략에서 보면 검색네트워크/컨텐츠 네트워크/ 모바일 컨텐츠 네트워크 세 개 영역으로 구분되어지 있는데 검색 네트워크 부분의 모바일 검색은 앞에서도 설명했듯이 키워드 광고에 대한 선택이고 이어 컨텐트 네트워크 부분에서 네이버 모바일 지식in과 네이버 모바일 블로그 영역 노출은 별도로 나와 있다.

세 번째 영역인 모바일 컨텐츠 네트워크에서 '네이버 모바일'은 키워드, 지식in, 블로그영역을 제외한 나머지 부분은 모바일 영역에서의 노출을 의미한다.

사실은 크게 의미는 없으므로 off(광고를 집행하지 않음)로 설정해도 괜찮다. 이 부분의 단가는 클릭당 70원이다.

Chapter 01_ 모바일 비즈니스 시장 이해하기

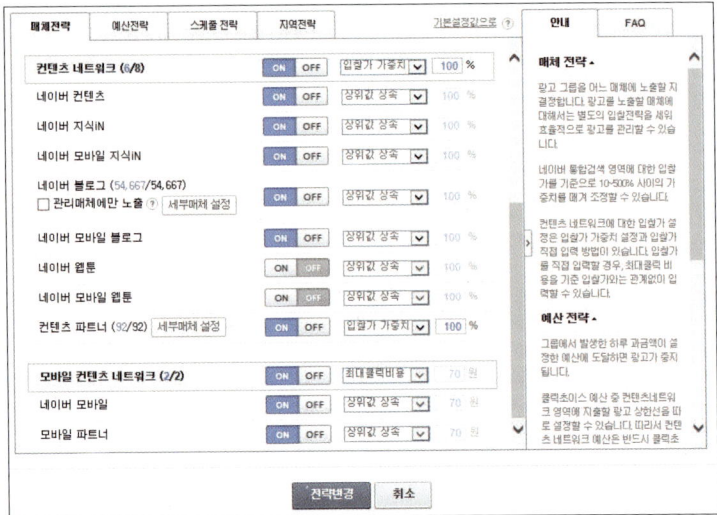

■ 네이버 모바일 컨텐츠 네트워크 설정화면

 Tip

모바일 웹사이트, 쇼핑몰 모바일 버전 포털에 사이트 등록하기

쇼핑몰이나 웹사이트나 모두 처음 오픈한 후 가장먼저 하는 일은 포털사이트에 사이트를 등록하는 일이다. 네이버에서는 네이버 메인 가장 하단에 [검색등록]이라는 메뉴가 있고 이를 누르면 신규 등록을 언제든지 할 수 있게 해준다.

■ 네이버 메인 하단에서 검색등록 클릭하기

신규등록(https://submit.naver.com/regist.nhn) 할 수 있는 메뉴를 누르면 크게 4가지로 등록 신청할 수 있다. 오프라인 매장과 온라인 웹사이트 둘 다 가지고 있는 경우, 오프라인 매장만 있는 경우, 온라인 사이트만 있는 경우, 그리고 모바일 웹사이트를 별도로 등록하고 싶은 경우이다. 사이트 검색영역에서 PC상의 웹사이트와 모바일웹이 별도로 표시되어 노출된다.

■ 네이버 검색등록_신규등록

05 모바일 로그분석 서비스 이해하기

모바일 웹사이트도 로그분석이 필요하다. 하지만 모바일 로그분석서비스라기 보다는 웹로그분석서비스라고 봐도 좋을 듯하다. 웹앱이 나오다 보니 기존 PC상의 웹로그분석서비스 기술을 응용해서 만든 서비스이다.

네이버 애널리틱스(http://analytics.naver.com)와 구글 애널리틱스(http://www.google.com/intl/ko_ALL/analytics/#)에서 지원하는 무료 로그분석서비스를 이용하면 모바일 웹사이트의 로그분석도 가능해진다.

■ 네이버 애널리틱스   ■ 구글 애널리틱스

네이버 애널리틱스의 경우, 간단히 로그분석을 하고자 하는 사이트명과 사이트 주소를 적으면 사이트 등록이 이루어지고 바로 로그분석 스크립트가 생성된다. 모바일 웹페이지도 등록 가능하다. 아래와 같은 스크립트를 반드시 메인화면 소스에 삽입을 해야 하는데 스크립트는 페이지 소스의 〈body〉 태그 전에 삽입을 하면 되며, 〈body〉 태그가 없는 페이지일 경우에는 페이지 소스 하단에 삽입하면 된다.

```
<script type="text/javascript" src="http://wcs.naver.net/wcslog
.js"></script><script type="text/javascript">if(!wcs_add) var
wcs_add = {};wcs_add["wa"] = "e76b65e0172020";wcs_do();
</script>
```

■ 분석 스크립트 사례

구글 애널리틱스의 경우, 모바일 앱과 웹로그 분석기능이 별도로 제공되고 있다. 모바일 앱도 분석이 가능하다는 점이 특징적이었다.
모바일 앱 웹로그 분석은 검색에서 다운로드 및 참여에 이르기까지 앱에 대한 전체 사용 환경을 측정해주는 서비스이다.
특히 참여도 보고서는 앱의 반복 사용 정도 및 사용자 행동에 대한 정보를 제공한다. 참여도 흐름은 사용자가 본 화면과 취한 행동을 포함하여 사용자가 앱에서 이동한 경로를 시각적으로 보여 준다.

모바일 사이트 트래픽 분석하기

휴대기기 보고서가 제공되는데 실적이 가장 우수한 모바일 플랫폼 파악하는데 도움을 준다.

방문자가 모바일 웹사이트를 찾을 때 어떤 기기를 사용하는지 확인하여 기기에 가장 적합한 형식을 찾을 수 있게 한다.
또한 위치별 통계(방문자 분포 탭)를 통해 현재 모바일 트래픽이 유입되는 소스 및 향후 동향을 예측할 수 있다.

■ 구글 애널리틱스 모바일 앱로그 분석 설명페이지

다음은 구글 애널리틱스의 로그분석 화면이다. 대략의 기능별 안내 내용을 제시한다.

기본적으로 구글 로그분석 화면기능을 보면 방문자수에 대한 기본적인 정보들이 안내된다. 순방문자수, 브라우저별 방문자수, 평균 체류시간, 페이지뷰, 이탈율 등을 알 수 있다. 또한 '개요' 기능이 있어 현재 실시간으로 방문하고 있는 고객과 페이지뷰, 고객이 보고 있는 페이지 등을 바로 확인할 수 있다.

Chapter 01_ 모바일 비즈니스 시장 이해하기   **57**

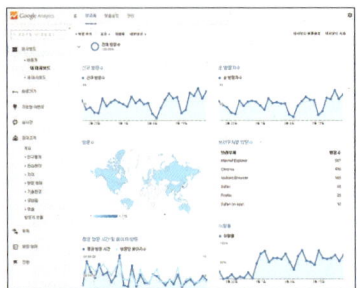 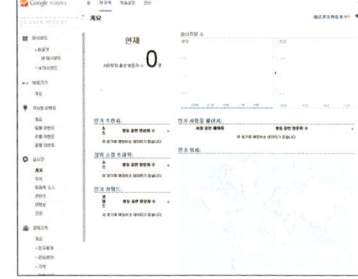

■ 내 대시보드 화면   ■ 실시간 개요안내 화면

첫 화면에서 보여주었던 대시보드 내의 로그분석 내용을 '잠재고객' 이라는 항목에서는 더욱 자세하게 보여준다.

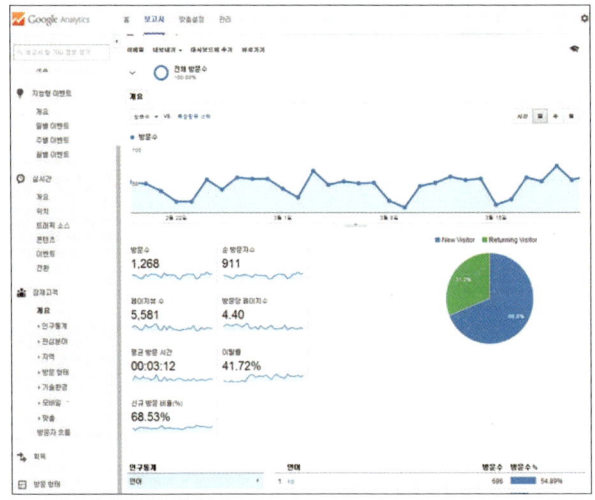

■ 잠재고객 개요안내 화면

이와 같은 내용들은 일반적인 웹로그분석상의 내용과 동일하다. 앞서 언급한 것처럼 구글 애널리틱스 분석에서는 모바일 환경에 대해서도 로그분석을 제공하고 있는데 모바일 개요화면과 모바일 기기 화면이다. 주요하게 어떤 모바일 기기로 접속한 방문자가 몇 명이고

어떤 정보를 보고 얼마나 머무르다 빠져나갔는지 등의 정보를 볼 수 있도록 지원한다.

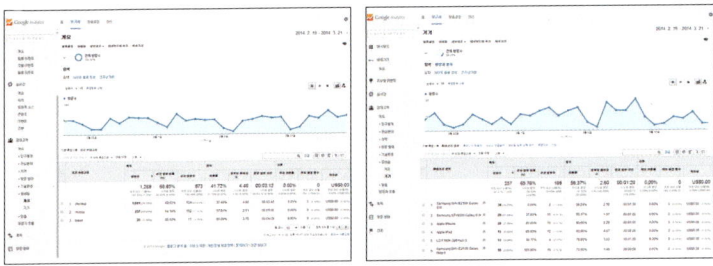

■ 잠재고객 모바일개요 화면 ■ 잠재고객 모바일 기가안내 화면

개인적으로 흥미로웠던 것은 잠재고객 메뉴의 방문자 흐름이었는데 시작페이지부터 첫 번째 상호작용, 두 번째 상호작용 등으로 고객들의 클릭에 따라 상호작용시의 페이지 접속 수를 흐름으로 보여주어 한눈에 사이트의 고객방문패턴을 알 수 있게 해주고 있다.

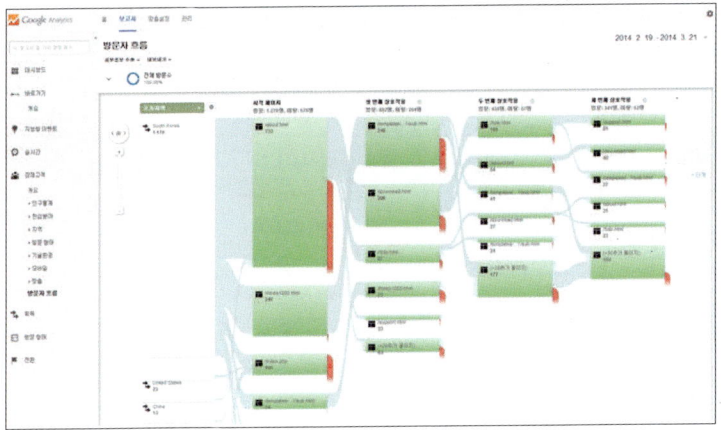

■ 잠재고객 방문자흐름 화면

02
Chapter
소상공인 모바일 비즈니스 활용하기

01 · 한눈에 살펴보는 소상공인 모바일 비즈니스 도구 살펴보기
02 · 무료 모바일 홈페이지 구축하기
03 · 모바일 소셜커머스형 홈페이지 구축하기
04 · 모바일 앱 손쉽게 만들기
05 · 모바일 마케팅 솔루션으로 매장 홍보하기
06 · 모바일 쇼핑몰 만들기

한눈에 살펴보는 소상공인 모바일 비즈니스 도구 살펴보기 1

모바일 세상이 일상 속으로 성큼 다가왔다. 하루빨리 모바일 비즈니스 시장에 뛰어들어 아직은 무주공산인 세상에서 빨리 고객을 끌어당겨야 할 것 같다. 하지만 직접 개발할 수 있는 능력은 없고, 개발을 위해 수 백 만원을 투자하기도 쉽지 않은 상태라면?

이에 저자와 같은 입장에서 모바일 비즈니스를 고민하는 자영업자, 소상공인, 중소기업들에게 어떻게 하면 무료로, 혹은 저렴하게 모바일 비즈니스를 시작할 수 있을까?하는 고민을 해결하기 위해 방법을 찾아보기로 했다.

본 저자도 인터넷으로 과일 쇼핑몰운영을 하고 있는데 안타깝게도 독립형 솔루션으로 쇼핑몰을 운영 중이다. 대체로 소상공인들의 쇼핑몰은 메이크샵, 카페24, 고도몰 등 임대형 쇼핑몰솔루션을 이용하여 제작하는 비중이 높지만 독립형으로 제작한 업체들도 많다.

임대형 솔루션은 개발사가 쇼핑몰 운영에 필요한 대부분을 프로그램 (솔루션)으로 관리를 해주기 때문에 보다 쉽게 모바일 시장에 뛰어들 수가 있지만 독립형 솔루션을 이용하고 있는 개인들은 결코 쉽지 않을 것이다.

본 저자는 PC상의 과일 쇼핑몰을 모바일 쇼핑몰로도 서비스를 한다면 어떤 방법이 있을지를 찾아보았고 더불어 쇼핑몰이 아닌 웹사이트(홈페이지, 커뮤니티 사이트, 블로그 등)만을 운영하는 사람들, 오프라인 매장을 운영하는 사람들, 자동차 영업사원, 보험 사원 등 세일즈맨 등 모바일로 고객서비스를 해야 한다는 전제아래 다양한 모바일 서비스 도구들을 찾아보았다.

그리고 소상공인들을 위한 모바일 비즈니스 도구들을 어떻게 활용하면 좋을지 직접 사용하여 결과물(모바일 쇼핑몰, 앱, 홍보 플랫폼 등)을 만들어보았다. 이에 막연히 모바일 비즈니스를 고민하고 있는 자영업자, 소상공인들에게 모바일 비즈니스가 어렵지 않으며 바로 시작할 수 있다는 것을 알려주고 싶었다.

∨ 매장 및 개인의 모바일 홈페이지 및 모바일 홍보 도구
∨ 인터넷 쇼핑몰의 모바일 쇼핑몰화
∨ 인터넷 웹사이트의 모바일 웹 활용방법

이번 장은 크게 3가지로 오프라인 음식점과 같은 매장에서도 모바일 홈페이지를 만들고 고객관리를 할 수 있게 해주는 방법, 일반 웹사이트를 모바일 홈페이지로도 구축하는 방법, 인터넷 쇼핑몰을 모바일 쇼핑몰로 전환하는 방법 소개 등을 중점적으로 살펴보겠다. 아마도 모바일 비즈니스는 기존 오프라인 매장을 운영하는 이들 중에 인터넷 홈페이지 개설이나 고객관리 방법을 어렵게 생각하고 있던 사람들에게 오히려 매우 간단한 절차로 쉽게 준비하고 뛰어들 수 있게 해주는 시장이 될 것으로 예상된다.

본 저자가 추천하고 싶은 모바일 서비스를 하나하나 따라 해보고 구축해보면서 어떤 장점과 특징들이 있는지, 어떤 업체에게 어울리는 서비스 인지를 구체적으로 소개하겠다. 우선 소상공인들이 바로 활용할 수 있는 각 모바일 비즈니스 서비스의 특징을 간략하게 알아보자.

서비스 모델명	특징	대상 및 용도
꽁알	프로모션 모바일 페이지 만들기	매장 홍보용, 제품 홍보용, 개인 PR용
모바일팜	무료 모바일 홈페이지 만들기	판매 매장 및 서비스 업종의 고객 서비스용
샵노트	무료 모바일 홈페이지 만들기	
쿠킹엠	모바일 소셜커머스 구축하기	
앱플러스폼	무료 앱 만들기	온오프라인 샵, 서비스 업종의 고객 서비스용
바이앱스	앱 구축하기	
헬프피알	모바일로 고객 관리하기	오프라인 매장의 고객 유치 홍보용
멀티 CRM		
씨온	위치 기반 소셜(SNS) 마케팅하기	
메이크샵, 고도몰, 카페24 모일샵	임대형 모바일 쇼핑몰 만들기	온라인 쇼핑몰 운영자들을 위한 모바일
홈요솔루션	독립형 모바일 쇼핑몰 만들기	독립형 쇼핑몰 운영자들을 위한 모바일 샵
마이소호	무료 모바일 쇼핑몰 만들기	상품수가 많지 않은 소호들의 모바일 샵

■ 한눈에 살펴보는 모바일 비즈니스 도구

무료 모바일 홈페이지 구축하기 2

이번에는 매우 간단하게 모바일 페이지를 구축할 수 있는 서비스를 소개하고자 한다. 게다가 무료로 이용할 수 있는 홈페이지 구축 툴도 서비스되고 있다. 인터넷 홈페이지를 만드는 것에 비하면 모바일 홈페이지 구축은 난이도 면에서는 비교가 안 된다. 초간단 하면서 누구나 쉽게 도전해볼 수 있어 좋고, 시간이 부족한 소상공인들에게 적합하다. 어떤 용도로 활용할 수 있는지 구체적인 방법도 찾아보자.

01 모바일 개인 프로필 & 프로모션용 페이지 만들기

모바일 페이지를 무료로 제작할 수 있게 도와주는 서비스 중 꿍알(http://www.qoongr.co.kr)이라는 서비스가 있다. 이름도 재밌는 곳인데 QoongR(꿍알) 브랜드명에서 유추할 수 있듯이 QR코드도 버튼 한번으로 생성해주니 이를 활용해 모바일 페이지 홍보를 하기도 용이하다.

꿍알이 서비스하는 모바일 페이지 무료 제작이라는 서비스는 여러 장의 페이지를 연결하는 거창한 홈페이지 제작을 이야기하는 것은 아니다. 길이는 전혀 상관없고 이미지도 최대 40장까지 넣을 수 있는 서비스지만 한 페이지로 구축이 되는 경우이다.

**꽁알 서비스는 모바일 페이지 무료 제작 서비스
매장 홍보페이지나 개인 프로필페이지 제작시 유용
프로모션용 홍보페이지(전단지) 제작도 용이**

모바일 페이지를 어떤 비즈니스 용도로 사용할 수 있을까? 의외로 쓰임새는 다양하다. 주로 비즈니스적인 활용에서 본다면, 모바일 명함(프로필 페이지) 제작, 가게(매장) 홍보페이지, 오프라인 전단지와 같은 역할의 프로모션용 홍보페이지가 주요할 것이라고 보인다.

■ 무료 모바일 페이지제작 서비스 꽁알

■ 꽁알 서비스의 활용도

꿍알에서는 모든 모바일 페이지 구축은 2분 안에 끝난다고 설명하고 있다. 이에 본 저자는 개인 프로필 사이트를 만들고 QR코드를 생성해 현재 가지고 있는 명함에 활용해보기로 하였다.

최근에는 1인 지식서비스 기업들이 많아지면서 개인 브랜드를 구축하고자 하는 이들이 많아지고 있다. 자신의 브랜드를 모바일로도 링크주소를 갖고 서비스를 하기 위해서 자신의 프로필 사이트 관리를 해본다면 매우 유용한 용도가 될 수 있다.

어떤 절차로 만들어지는지 순서대로 따라가 보자.

01 먼저 꿍알 서비스를 이용하기 위해서는 회원가입을 해야 한다. 간단히 회원가입 후 로그인되어 있는 화면에서 [꿍알 만들기] 버튼을 눌러보자.

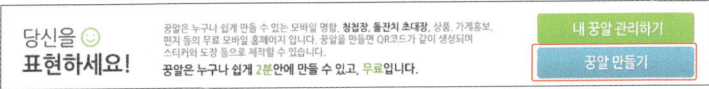

■ 꿍알 만들기 버튼 클릭

02 꿍알 생성/수정이라는 페이지가 나온다. 너무 쉬운 것은 꿍알 생성페이지 하나만 따라하면 바로 모바일 페이지가 완성된다는 점이다. 첫 번째는 명함용, 가게홍보용, 제품홍보형 등 유형 및 디자인을 설정하는 기능이다. 본 저자는 모바일 명함을 만들기로 했기 때문에 "명함용"을 선택했다. 만약 매장을 홍보하는 분들이라면 "가게홍보용" 메뉴를 선택한다.

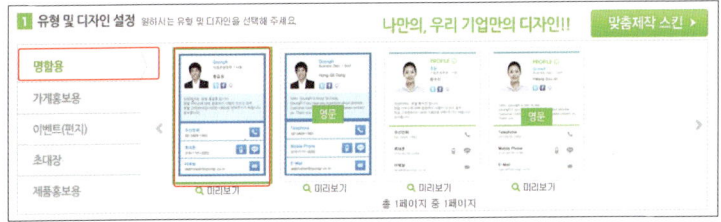

■ 유형 선택에서 모바일 명함 선택

http://qoongr.co.kr/~이후 서브도메인으로 자동 생성되었다. QR코드 미리보기 버튼을 누르면 바로 QR코드가 생성된다.

■ 상세정보 입력-모바일 주소생성 선택

04 추가적으로 명함용이기 때문에 사이즈에 맞춰 사진을 올리고 소개 글을 잘 작성해서 올리는 것이 필요하다 개인 연락처도 소개해둔다.

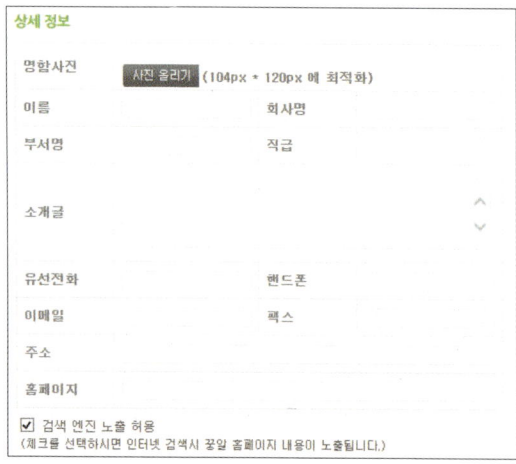

■ 상세정보 입력-개인 프로필 내용 소개

05 중요한 것은 간단한 프로필 정보보다도 자신을 잘 나타내줄 수 있는 사진들과 동영상 자료들일 것이다. 최대 40장의 이미지와 동영상을 모바일 페이지에서 보여줄 수 있다. 또한 꿍알에서는 지도를 첨가해 사무실이나 매장위치 등을 넣을 수 있고 트위터, 페이스북 등 자신이 주로 활용하고 있는 SNS 매체를 연결할 수가 있다. 만약 페이스북을 주로 이용한다면 페이스북은 계정 연결 없이도 바로 댓글을 적

을 수 있도록 해준다. 신경을 쓰면 쓸수록 멋진 페이지가 만들어질 것이다.

■ 상세정보 입력-사진 및 동영상 자료들

06 이렇게 만들어진 모바일 페이지는 다음과 같았다. 간단히 1시간 정도 안에 만들어본 페이지이다. 이미지를 찾아보고 적고 최적화 사이즈로 이미지를 만들다보니 시간이 조금 걸렸다.

■ 완성된 모바일 프로필 페이지

Chapter 02_ 소상공인 모바일 비즈니스 활용하기 69

07 만들어진 페이지를 홍보하기위해 QR코드를 명함에 넣어 배포하거나 문자마케팅을 통해 알리거나 꿍알페이지 안에 넣을 수도 있다.

■ 모바일 페이지 홍보연결 방법

오프라인 매장을 운영하시는 분들이라면 회원들을 대상으로 소위 모바일 전단지를 만든 다음 바로 고객에게 문자 메시지로 모바일 페이지 주소를 보내고 방문을 유도할 수 있을 것이다.

■ 꿍알로 만들어진 오프라인 매장 홍보 페이지

또한 꿍알 서비스 중에 이용할만한 다른 서비스가 있다면 문자마케팅 서비스이다. 고객에게 문자를 보낼 때 업로드기능을 통해 카달로그, 파워포인트 등 어떤 문서라도 바로 html문서로 변환되어 고객이 스마트폰 상에서 웹페이지처럼 자료를 볼 수 있게 해준다. 꿍알로 페이지를 만드는 과정이 다소 번거롭다고 생각이 든다면 파워포인트로 간단히 이벤트 내용을 담아 페이지를 꾸미고 꿍알의 문자마케팅 서비스만 이용하여 회원들에게 문자를 보낼 수 있다.

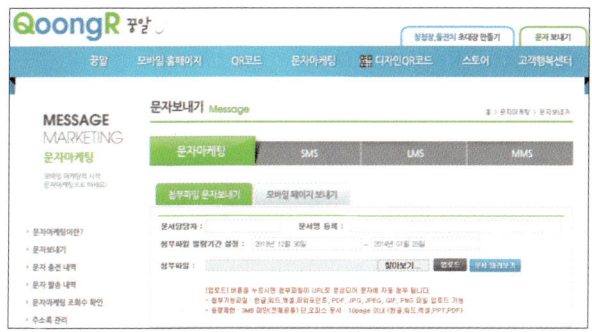

■ 꿍알 문자마케팅 서비스

꿍알 스토어도 있어서 제작한 모바일 페이지의 QR코드를 스티커와 도장으로 만들어 고객에게 보내는 택배박스 및 기타 홍보전단에 추가로 홍보를 할 수도 있다.

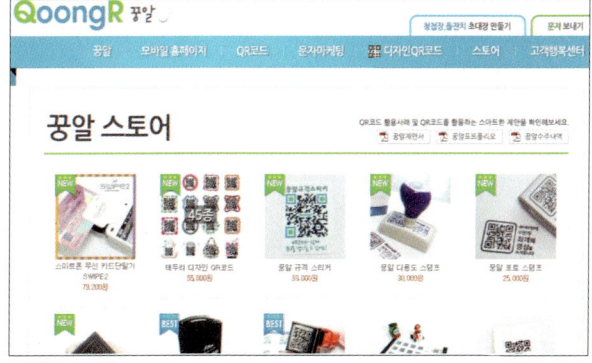

■ 꿍알 스토어

Tip

쿠킹엠 모바일 홈페이지

꿍알 서비스 외 모바일 홈페이지 서비스인 쿠킹엠을 이용하면 병원, 기업, 학원, 음식점, 팬션, 뷰티, 쇼핑몰, 어린이집, 휘트니스, 부동산 등 소상공인 업체의 홈페이지를 손쉽게 만들 수 있습니다. 쿠킹엠 솔루션 사용 방법은 "Chapter 02. 모바일 비즈니스 활용하기의 Lesson 03. 모바일 소셜커머스형 홈페이지 구축하기"를 참조한다.

■ 쿠킹엠 모바일 홈페이지 제작 플랫폼

02 무료 모바일 비즈니스 홈페이지 만들기

모바일 홈페이지를 만들고자 할 때 기업의 니즈에 따라 만들고자 하는 규모가 달라질 것이다. 앞서 꿍알이 매우 간단한 용도의 페이지 구축용으로 활용성이 높다라면 이번에는 일반 웹사이트 구조를 가질 수 있게 도와주는 무료 모바일 홈페이지 구축 서비스를 소개하고자 한다.

네이버에서 야심차게 중소소상공인의 모바일 비즈니스 활용을 돕겠다고 무료로 배포하고 있는 모바일 팜 솔루션과 임대형 쇼핑몰 솔루션사로 유명한 메이크샵에서 결제기능도 지원되는 샵노트 솔루션을 무료로 제공하고 있다. 두 솔루션을 각각 사용해보자.

모바일팜으로 무료 모바일 홈페이지 만들기

네이버의 모바일팜(http://www.mobilefarms.com/home) 서비스는 초보자도 30분 안에 나만의 모바일 사이트를 만들 수 있게 해주는 솔루션으로 쉽게 따라할 수 있다.
모바일팜은 복잡하고 어려운 코딩이 필요 없고, 몇 번의 클릭과 텍스트 이미지 변경만으로 쉽고 빠르게 모바일 사이트를 만들 수 있다는 장점과 사용자의 취향이나 용도 맞게 페이지를 만들 수 있는 다양한 디자인 템플릿을 제공하여 사용자의 조합에 따라 새로운 페이지를 만들 수 있다.

■ 네이버의 모바일팜

모바일팜의 특징과 몇 가지 장점을 소개하겠다.

∨ 호스팅 비용, 사이트 개발 비용, 운영 비용 없이 무료로 모바일 사이트를 만들고 운영할 수 있다.
∨ 모바일에 최적화된 디자인 템플릿으로 모바일에서 내 상품과 서비스를 매력적으로 홍보할 수 있다.
∨ 세련된 인터페이스를 통해 한 손 조작에 익숙한 모바일 사용자에게 편리한 환경을 제공한다.
∨ 편리한 에디터와, 업종별로 특화된 심플한 에디터를 통해 누구나 쉽고 빠르게 모바일 사이트를 만들 수 있다.

모바일팜 사이트에는 모바일 사이트 제작 단계 로드맵도 잘 설명되어 있는데 총 5단계로 이루어져 있다. 모바일팜 이용 방법에 대한 동영상도 만들어져 있어서 쉽게 모바일 사이트 작업이 가능할 것이다.

- 1단계 : 가입/인증하기
- 2단계 : 도메인 신청하기
- 3단계 : 템플릿 신청하기
- 4단계 : 사이트 만들기
- 5단계 : 사이트 노출하기

■ 1단계 : 가입/인증하기

모바일팜 사이트에서 인증절차를 거쳐 회원가입을 해보자.

01 모바일팜 사이트(http://www.mobilefarms.com/home) 홈 화면에서 '회원가입' 을 클릭합니다.

02 네이버 모바일팜 서비스를 이용하기 위해서는 별도의 회원가입이 필요하다. 회원가입 절차는 일반적으로 인증절차를 밟으면 되는데 간단한 비밀번호를 입력하고 나면 인증메일을 발송해주고 이메일의 [메일 가입 인증하기] 버튼을 클릭하면 1차 가입이 완료된다.

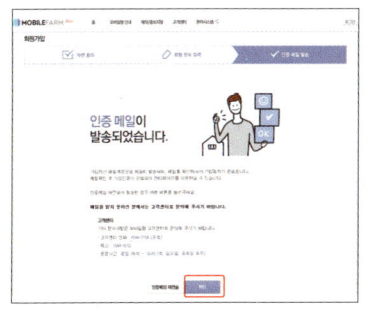 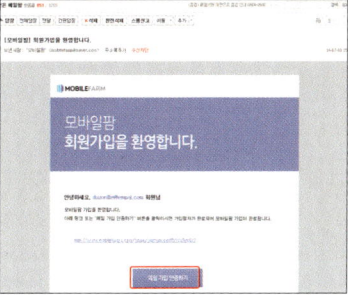

■ 모바일팜 회원가입 인증메일 발송

03 메일 인증이 완료되면 다음으로 신원인증을 해야 완전히 가입절차가 마무리되는데 이는 아이핀인증이나 핸드폰인증방식 중 선택을 하고 다시 한 번 기초 정보들을 입력하는 단계를 거친다.

이 단계에서 네이버를 통해 광고를 집행하고 있는 광고주는 모바일팜과 연결하여 모바일 광고도 손쉽게 연결되도록 지원을 하고 있다. 이는 선택옵션으로 네이버 광고주 로그인 확인절차를 거치면 된다.

검토 결과는 등록한 이메일과 SMS로 전달되는데 서류 검토까지는 영업일 기준 2~3일정도 소요된다. 최종 확인 인증이 완료되면 작업했던 모바일 사이트를 네이버에 노출할 수 있게 된다.

■ 모바일팜 회원가입 인증메일발송

■ 2단계 : 도메인 신청하기

이제 모바일 팜 관리자모드로 들어가서 도메인을 신청해보자.

01 첫 메인관리자 화면에 보면 '사이트 정보관리' 기능이 있다. 이를 눌러서 사이트명과 모바일 주소를 세팅한다. 모바일팜 주소는 영문 소문자와 숫자를 포함하여 최대 20바이트까지 입력하할 수 있다. 입력한 주소의 사용 가능 여부가 확인되면, 모바일팜 도메인은 'http://OOOO.mobilefarms.com' 으로 정해진다.

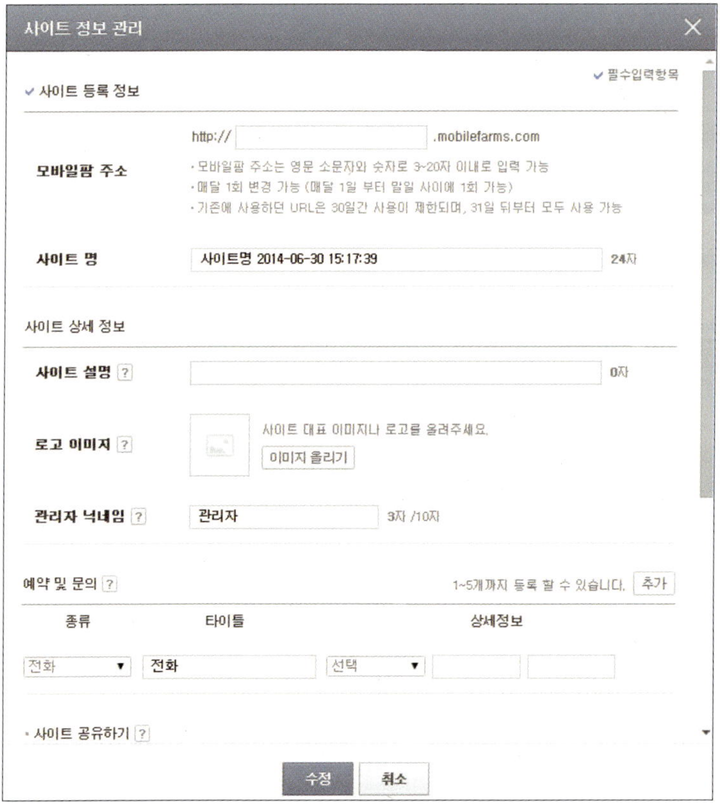

■ 모바일팜 사이트 정보 관리 페이지

■ 3단계 : 템플릿 신청하기

사이트 추가의 첫 단계인 유형(템플릿)을 선택해보자.

01 다음으로 [사이트 등록하기]를 누르면 일단 처음에는 사이트 유형을 선택하는 화면이 나온다. 가로형과 세로형 중 한 가지 유형을 선택한다. 만들고자 하는 사이트의 내용물이 많아 화면이 넘겨지길 원한다면 가로형으로, 한 화면에 세로로 모든 내용들이 길게 보이도록 마무리하고자 한다면 세로형을 선택한다. 이 유형의 선택은 차후 변경이 어렵기 때문에 처음 선택할 때 심사숙고하도록 한다.

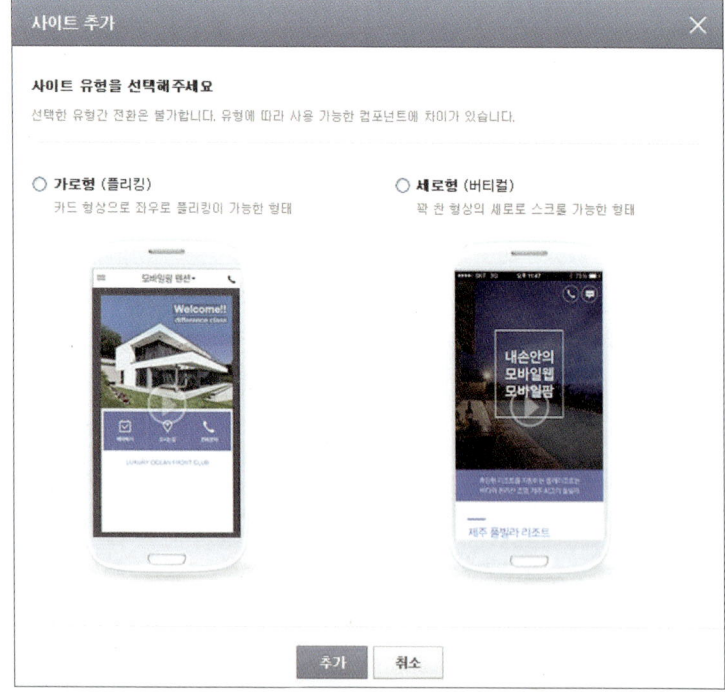

▪ 모바일팜 사이트 추가화면

> **Tip**
> 만약 브라우저가 구버전이라면 브라우저를 업그레이드하라는 메시지 창이 나타난다. 인터넷 익스플로러 10이상의 버전이나 크롬 브라우저에 최적화되어 있다.

■ 모바일팜 브라우저 최적화 요청 화면

■ 4단계 : 사이트 만들기

사이트의 세부 사항을 설정하여 사이트를 완성시켜보자.

01 세부적으로 들어가 업종별로 사이트를 만들 때 필요한 구성요소들을 미리 뽑아두고 있어서 운영자의 고민을 덜어준다. 만약 인테리어 업종을 선택하면 '업체명/업체소개/포트폴리오/견적신청/Q&A/오시는 길' 이라는 6개 양식의 페이지 구성을 다양하게 제공하고 있다.

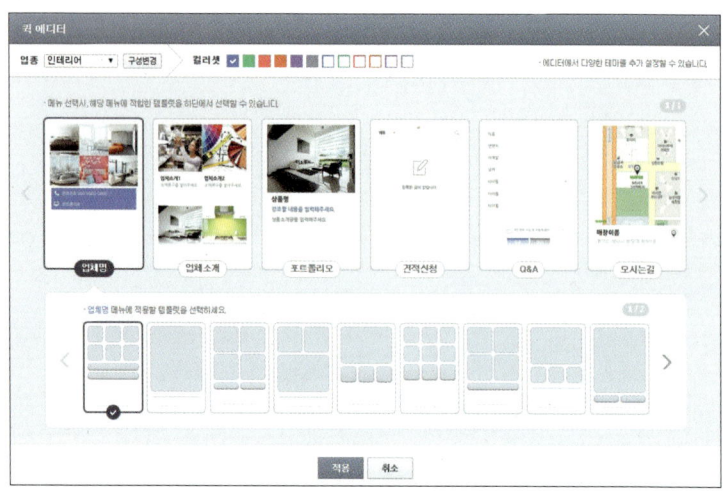

■ 모바일팜 템플릿 – 인테리어

만약 '음식점/카페' 모바일 사이트를 제작하는 경우라면 '업체명/업체소개/위치안내/메뉴/내부시설/오시는 길' 등의 6개 화면 페이지 구조를 보여주고 각각 선택할 수 있게 해준다.

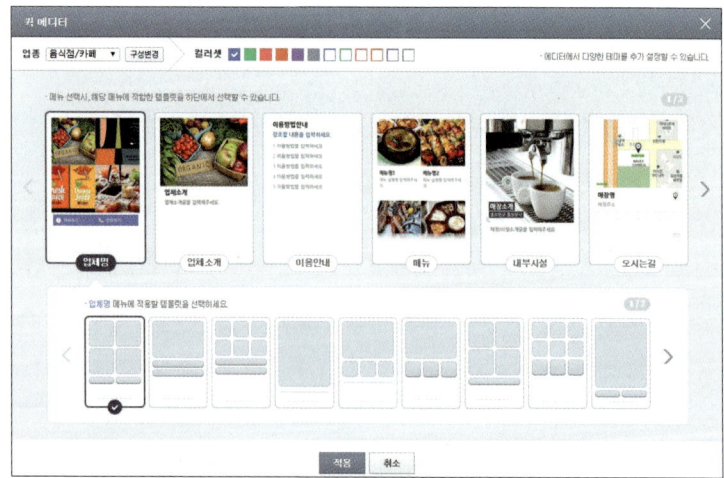

■ 모바일팜 템플릿 – 음식점/카페

본 저자는 학원업종을 선택하고 템플릿 에디터에서 제공하는 메뉴대로 모바일 사이트를 만들어보겠다.

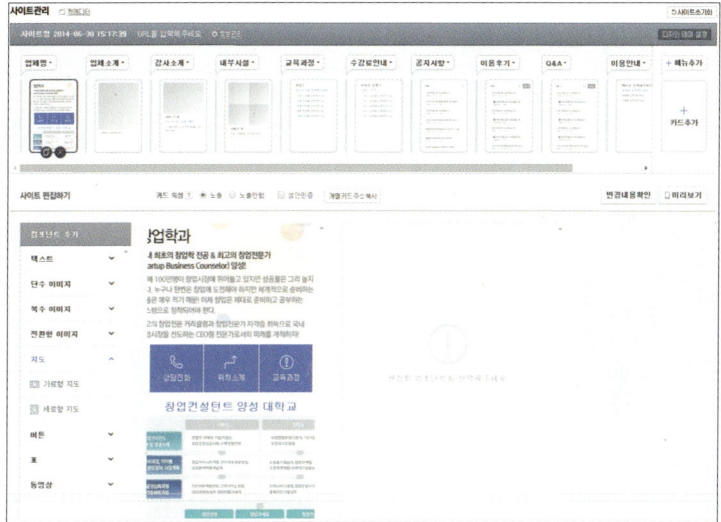

■ 학원업종 템플릿 선택 후 개별 페이지를 선택한 화면

02 처음 템플릿 에디터를 통해 업종을 선택할 때는 6개 페이지가 기본적으로 구성되어 있어서 제공되는 유형을 선택해야 하지만 본격적으로 사이트 구성을 하는 페이지 에디터에서는 얼마든지 원하는 모바일 웹페이지들을 작업할 수 있다. 상단에서는 각 페이지 구조들이 보이고 하단에서는 왼쪽에 컨포넌트 추가라고 하여 텍스트, 이미지들을 하나의 단위로 보고 각 페이지마다 별도로 삽입할 수 있게 되어있고 페이지 안에서도 마우스만 가져가면 삭제하고 아래, 위로 위치 이동하는 모든 기능들이 버튼으로 클릭하면 진행되게 설계되어 있다.

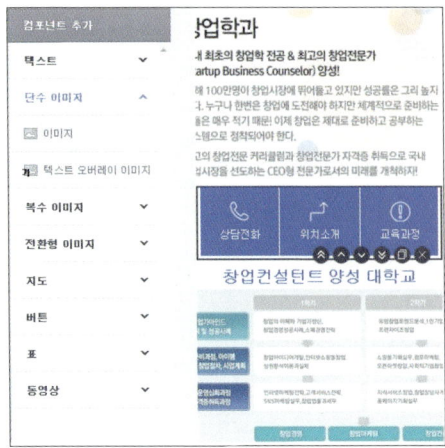

■ 컴포넌트 구조(좌)

03 버튼을 누르면 상세기능을 설정할 수 있도록 하고 있는데 가령, 상담전화표시가 있는 영역을 마우스로 누르면 화면 우측에 각 버튼별 기능들을 다시 재설정할 수 있게 해준다. 상담전화가 아닌 이메일을 받고 싶거나 문자를 받거나 카드이용 등으로 원하는 기능을 바꿔서 삽입할 수 있다.

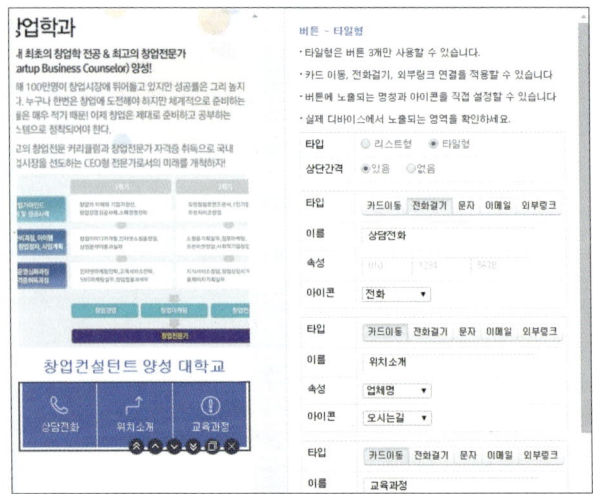

■ 컴포넌트 구조(우)

추가로 강사소개 페이지를 작업한다고 하면 강사 이미지와 소개 글들을 하나하나 클릭하면서 만들면 간단하게 구성될 수 있다.

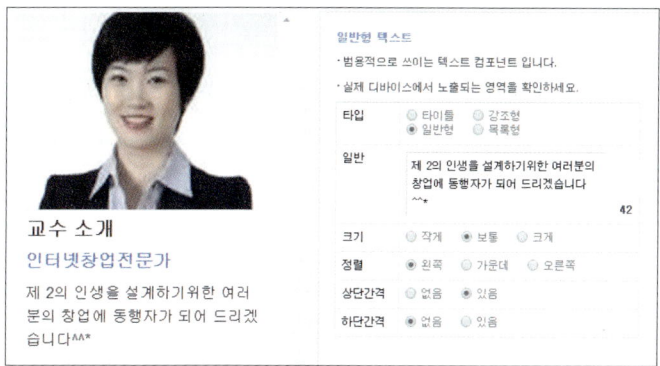

■ 강사소개 페이지 작성 예

04 또 다른 페이지로 이번에는 업체소개 페이지를 만들어봤는데 주요 핵심메뉴가 담긴 이미지를 만들고 이미지위에 텍스트를 바로 넣을 수 있어서 글도 넣었다. 업체소개 하단에는 위치를 알려주기 위해 지도를 넣었다.

지도도 간단한 회사명이나 브랜드로 검색을 하면 쉽게 삽입할 수 있도록 되어 있다. 단지 컴포넌트라고 되어 있는 좌측의 메뉴에서 원하는 메뉴를 선택하면 오른쪽 메뉴에서 보다 구체적으로 글이나 기능을 구현할 수 있는 구조이다.

■ 강사소개 페이지 작성 예

05 만들어진 페이지가 모바일화면에 어떻게 보이는지를 확인하고 싶다면 [미리보기] 버튼을 클릭하면 그림과 같이 완성된 페이지를 미리 확인할 수 있다. 에디터 중간바에 기능이 들어있다. 필자는 3페이지 정도를 간단하게 넣어보았다.

■ 미리보기 기능을 통해서 완성된 페이지 결과

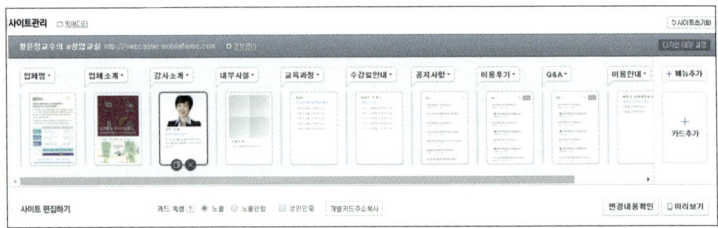

■ 최종적으로 3페이지를 완성

■ 5단계 : 사이트 노출하기

이제 완성된 모바일 페이지를 모바일 상에 노출시켜보자.

01 모바일용 페이지들을 완성하면 에디터 하단에 [사이트 적용] 이라는 기능이 있고, 이를 클릭하면 최종적으로 모바일 상으로 해당 페이지가 노출되게 된다. 네이버 모바일팜 서비스는 모바일상으로 개인홈페이지나 일반 학원, 카페 등의 다양한 업종에서 회사소개페이지를 얼마든지 쉽고 간단하게 만들어 모바일상으로 노출시키고 광고도 집행할 수 있도록 도와주는 무료 툴이다.

PC상에서 웹사이트를 구축하는 것이 매우 번거롭기도 하고 비용도 많이 들었다면 모바일 홈페이지 구성은 시간도 절약되고 PC상의 웹사이트에 비해 매우 간단하게 작업이 가능한 것이 특징이다.

네이버 모바일팜에서는 모바일페이지도 디자인을 해줄 수 있는 회사들을 소개하고 있어서 디자인구성을 제대로 만들고 싶은 사업자들은 쉽게 알아볼 수 있다. 더불어 만든 모바일페이지를 무료로 네이버, 다음, 구글 등 포털사이트에 등록하는 방법이나 모바일 광고를 진행하는 방법들을 안내하고 있다.

샵노트로 무료 모바일 홈페이지 만들기

이번에는 앞서의 모바일팜과 유사한 모바일 홈페이지 솔루션이면서 예약기능을 특화시키고 있는 솔루션을 소개하고자 한다. 이것은 임대형 쇼핑몰 솔루션사로 유명한 메이크샵에서 제공하는 샵노트 솔루션이고 역시 무료이다. 다만, 예약관리 시스템은 유료로 이용할 수 있다.

필자도 이번에는 현재 쇼핑몰 관리를 하고 있는 아침에 과일 사이트에서 커뮤니티기능만을 떼어내 모바일 홈페이지를 만들어보기로 하였다.

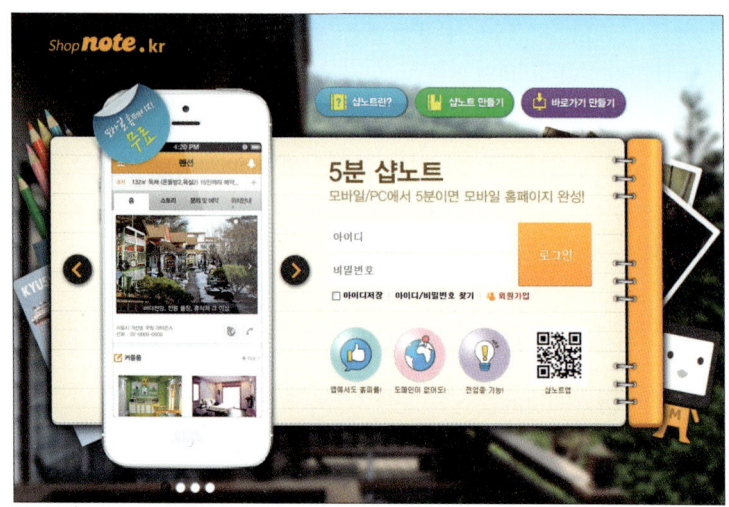

■ 메이크샵의 샵노트

❶ 샵노트로 만든 업체의 모바일 홈페이지 살펴보기

샵노트로 만들어진 국내 대표 사이트를 살펴보도록 하자. 샵노트를 이용한 모바일 홈페이지는 개인병원, 여행사, 카페, 헤어숍, 쇼핑몰 등 다양한 분야에서 활용되고 있다.

■ 한국다이아몬드 거래소
http://diakorea.shopnote.kr

■ 젠요가 더 프라임&클래식
http://zenyogaclassic.shopnote.kr

■ 더효소
http://hyoso.shopnote.k

■ 강남조은눈안과
http://joeunnun.shopnote.kr

■ 스튜디오모리
http://studiomori.shopnote.kr

■ 헤어시크
http://onclemole.shopnote.kr

■ 로빈ENG보일러
http://robineng.shopnote.kr

■ 프라이드여행사
http://pridetour.shopnote.kr

■ 소프트리카페
http://softree.shopnote.kr

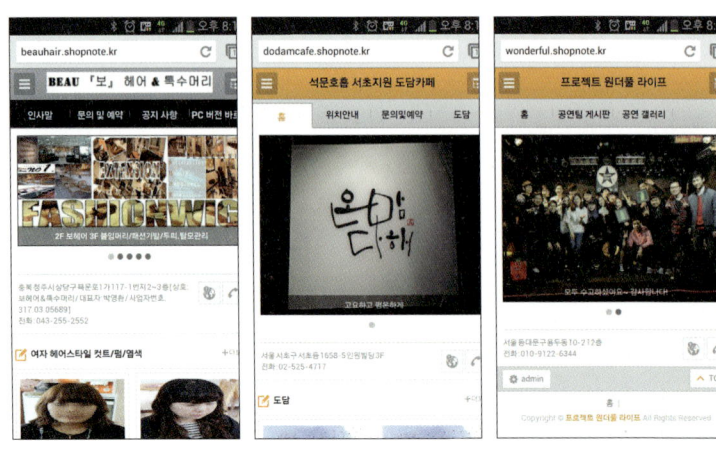

■ 보헤어특수머리
http://beauhair.shopnote.kr

■ 도담카페
http://dodamcafe.shopnote.kr

■ 프로젝트 원더풀라이프
http://wonderful.shopnote.kr

❷ 샵노트로 모바일 홈페이지 만들기

샵노트 솔루션을 이용하여 모바일 홈페이지를 만들어보자.

01 샵노트 사이트(http://www.shopnote.kr)에 접속한 후 먼저 '회원가입' 또는 '샵노트 만들기' 버튼을 클릭한 후 회원가입 페이지에서 개인정보를 입력하여 회원가입을 한다.

개인으로 가입하는 경우에는 휴대폰 인증만 하면 되지만 사업자로 가입을 하려면 사업자등록증을 파일로 등록을 해야 한다.

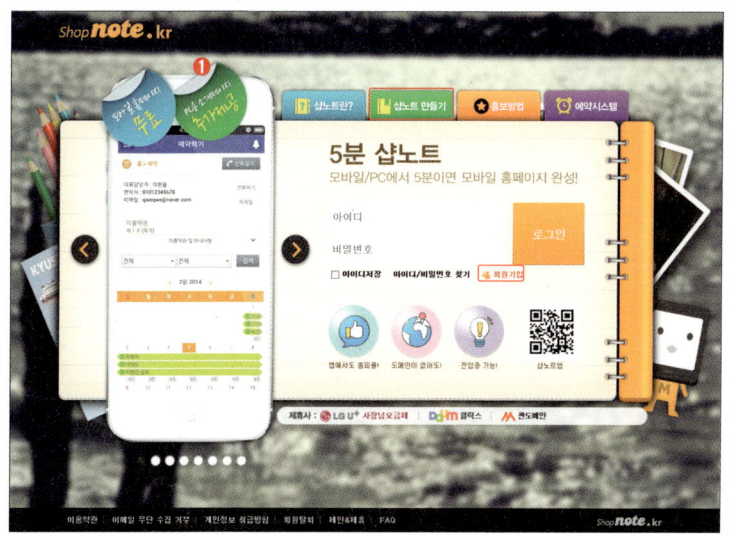

02 회원가입 후 로그인을 하면 기본정보를 입력하는 창이 나온다. 기본정보 페이지에서 업체명, 주소, 분류 카테고리, 문의전화. 업체 소개 글, 이용안내 등의 메뉴에 간단한 설명글을 작성한 후 [설정하기] 버튼을 클릭한다.

■ 샵노트의 기본정보 페이지

03 기본정보를 입력한 후 주소관리 및 설정메뉴가 나온다. 여기서 자동 도메인 입력 상자에 아이디를 입력한 후 [중복확인] 버튼을 클릭하면 아이디를 사용하여 자동으로 모바일 주소가 생성된다. 필자는 자동 도메인을 사용해보았다. 물론 개인적으로 구매한 도메인도 연결할 수 있다. 이외에 바로가기를 설정하면 모바일 홈화면에 노출되는 아이콘 이미지를 등록하고 카카오톡, 페이스북 등 SNS 사용 유무를 설정한 후 [설정하기] 버튼을 클릭합니다.

■ 샵노트의 기본정보 페이지

04 더불어 app 알림 및 잠금 번호 설정으로 들어가 기본 세팅된 것을 확인하면 기본정보탭의 내용은 마무리가 된다.

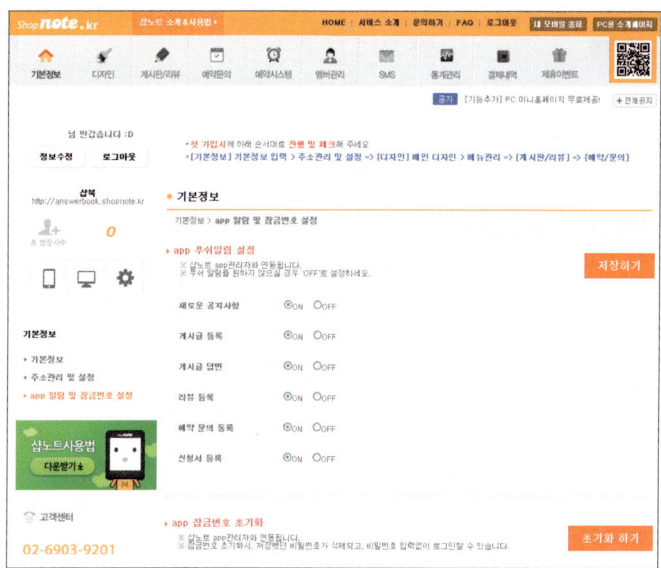

■ 샵노트의 기본정보 페이지

05 다음으로는 디자인영역이다. 우선 메인디자인 관리를 상단에 보이는 로고 이미지 부분과 메인 대문이미지 등을 권고 사이즈에 맞게 제작해 올리는 기능이 있다. 필자는 이미 만들어진 이미지들이 있어서 사이즈 조절만 하여 설정하였다.

■ 샵노트 디자인 - 메인디자인 페이지

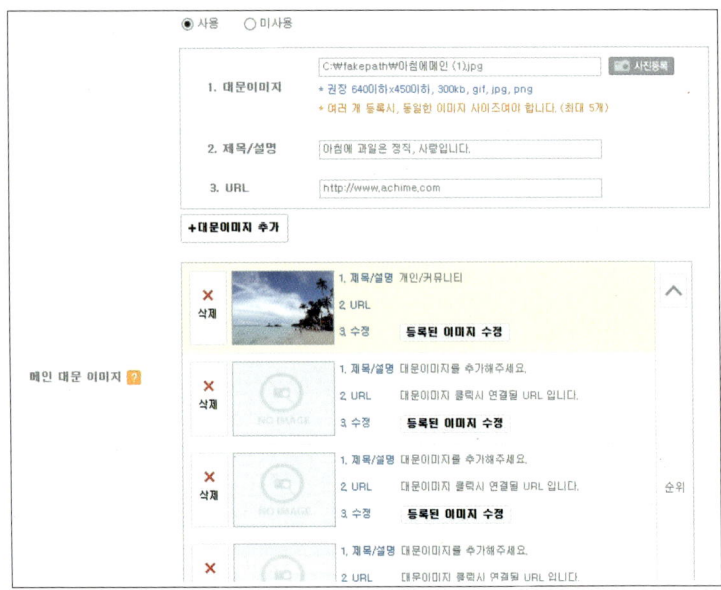

■ 샵노트 대문이미지 등록화면

06 다음은 디자인영역에서 메뉴관리이다. 그야말로 메인을 기준으로 상단메뉴와 하단메뉴들의 노출 순서를 조정하면서 설정하는 곳이다. 저자가 운영하는 아침에 과일사이트에서는 Mr.Yoon의 과일사랑이야기라는 컨텐츠 공간이 있고, 그 안에는 Today's 청과도매시장, Mr.Yoon의 Favorite Thing 이라는 게시판을 각각 두었기 때문에 모바일 홈페이지에도 적용을 하였다.

상단에는 Mr.Yoon, Today Photo, Favorite, 공지사항으로 정하고 하단 메뉴로는 아침에과일소개, 이용안내만 결정해서 넣었다.

하지만 이 영역에서 메인 게시판 메뉴 설정이라는 두 번째 영역을 제대로 세팅하기 위해서는 다음의 '게시글/리뷰' 영역을 먼저 세팅을 해야 한다.

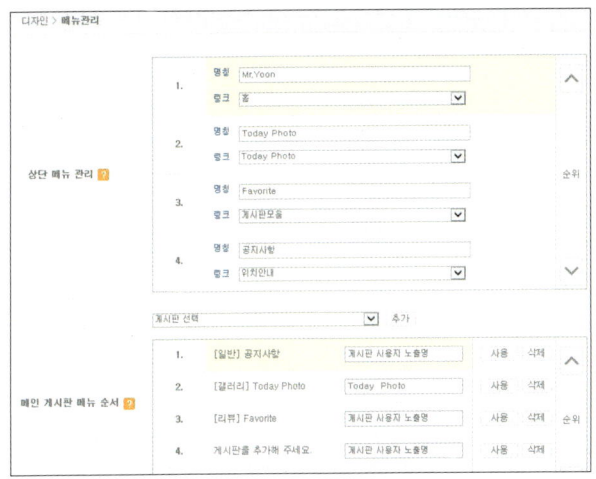

■ 샵노트 디자인 – 메뉴관리

07 '게시글/리뷰'는 게시판 만들기, 게시판 관리, 게시글 관리 등의 기능이 있는 영역이다. 즉, 만들고자 하는 게시판의 성격과 설정을 세팅하는 곳인 셈이다. 저자도 앞서 언급한 3개의 게시판을 세팅하고 스타일을 정해보았다. 이렇게 설정한 후 디자인영역의 메뉴관리로 들어가 '메인 게시판 메뉴 설정' 부분에서의 순서와 형태를 세팅해 주어야 한다.

■ 샵노트 게시글/리뷰 영역

Chapter 02_ 소상공인 모바일 비즈니스 활용하기 **93**

08 이제 끝으로 '예약/문의' 영역을 설정하면 된다. 해당 영역은 사용하지 않을 수도 있고 사용할 수도 있다. 형태도 예약/문의, 신청서, 메일문의 등 3가지 버전으로 선택 가능하다. 물론 예약/문의라는 단어를 '문의하기' 등으로 수정할 수 있다. 비교적 간단하게 만들어볼 수 있는 모바일 홈페이지였다. 참고로 수정하거나 글을 올리고자 할 때 마이소호는 앱관리자도 지원을 한다. 앱을 다운로드 받으면 바로 스마트폰에서 글을 올리거나 정리를 할 수 있어 실시간 관리도 가능하다.

■ 기본 정보 수정만으로 완성된 모바일 홈페이지

Tip

예약관리 시스템

앞서서 설명한 것처럼 예약관리 시스템은 유료로 이용가능하다. 단순 홈페이지로 사업소개에서 벗어나 직접 손님을 시간대로 받고 서비스를 제공할 수 있다. 특히 펜션/여행/미용실/음식점, 피부샵 등에서 요긴하게 사용할 수 있는 도구이다.

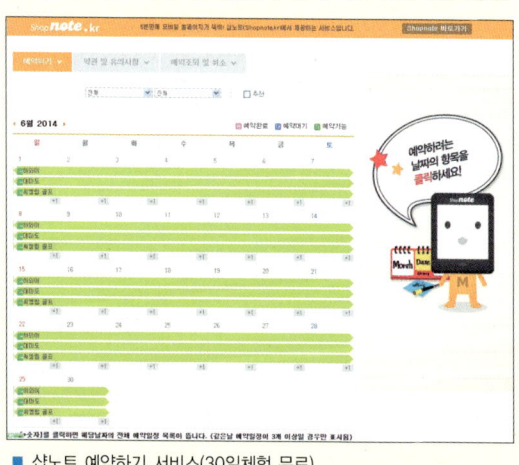

■ 샵노트 예약하기 서비스(30일체험 무료)

CASE Consulting

모바일 홈페이지 구축하기 편

모바일 홈페이지의 용도는 매우 다양할 것이다. 홈페이지 내에서 물건을 직접 사고 팔지 않는 그 외의 모든 서비스 제공이 가능하기 때문이다.
현재의 모바일 웹구축 서비스는 2분정도 소요되는 매우 간단한 한 장 정도의 모바일 페이지 만들기부터 여러 페이지를 구축할 수 있으면서 예약 기능까지 지원되는 툴들을 찾아볼 수 있다. 이에 단순 회사 홍보페이지 구축뿐만 아니라 펜션, 여행업, 음식점 등의 업종에서 예약을 모바일 홈페이지에서 할 수 있고 고객들이 바로 결제까지도 할 수 있는 상태이다.
무료로 모바일 홈페이지를 뚝딱 만드는 "꿈알" 서비스는 무료인 것이 장점이고 한 페이지를 무제한으로 만들 수 있는 모바일 웹구축 서비스이다. 한 페이지라고는 하지만 이미지와 동영상을 한 페이지내에서 각각 40개까지 넣어 꾸밀 수 있으며 문의전화 및 연락처를 페이지에 넣어 연락을 바로 받을 수도 있다.
사업을 하는 사업주 입장에서의 꿈알 활용 용도를 보면, 우선 개인PR 명함용 페이지를 구축할 수도 있고 간단히 매장홍보용 페이지를 구축할 수도 있으며 제품 카달로그 형태페이지로 만들 수 있다.
좀 더 인터넷 홈페이지같은 모습의 모바일 홈페이지를 구축하고자 한다면, 네이버의 '모바일팜' 서비스와 "샵노트" 서비스를 추천할 만하다.
네이버의 모바일팜과 샵노트 솔루션은 가령, 펜션을 운영하는 업체에서 모바일로 홈페이지를 구축하고자 할 때 공지사항, 주변전경, 룸안내 및 예약, 이벤트 등등 여러 소개 내용이 필요할 때 페이지별로 구축이 가능한 무료 모바일 홈페이지 구축 솔루션이다.
네이버의 모바일팜 서비스는 모바일 페이지를 퀵에디터를 이용해 클릭하는 정도의 작업으로 얼마든지 페이지를 자유롭게 구성하고 페이지수를 늘릴 수 있다는 점이 특징이다. 모바일 디자인 구성에서도 블로그 템플릿을 이용하는 것처럼 구성요소의 배치이동이 자유롭다는 것이 편리하게 느껴진다.
이에 반해 샵노트 서비스의 페이지 구축기능은 모바일팜에 비해 다소 단순하게 느껴지지만 예약 및 문자기능들이 연결된 면이 다른 점이다. 단 예약기능은 유료로 지원되지만 여행사이트, 미용실, 피부관리실, 병원, 음식점과 같은 서비스 업종에서 모바일 홈페이지상에서 날짜를 선택하고 가격결정이나 예약을 할 수 있게 해주는 기능은 차별화된 서비스라고 볼 수 있다.

모바일 소셜커머스형 홈페이지 구축하기 3

모바일 비즈니스를 시작하고자 할 때, 모바일로 단순히 상품을 소개하는 홈페이지구축에서 나아가 이벤트 페이지를 만들어 고객에게 문자로 소식을 알려서 참여하는 고객에게 쿠폰이나 사은품 증정을 할 수 있게 한다면 어떨까?

이른바 모바일 소셜커머스를 구축하는 것이다. 회원들을 대상으로 상품을 파격가에 올리고 쿠폰을 사용할 수 있게 해주는 시장을 만드는 것이다.

모바일 소셜커머스 구축 용이해
이벤트 가격의 메뉴 올리고 쿠폰지급으로 소비자 눈길 잡아,
오프라인 매장 방문 유도 효과 up!

모바일이기 때문에 고객이 더 쉽게 접근할 수 있어서 즉시 효과가 나올 가능성이 크고 온라인 기업뿐 아니라 오프라인 매장에서도 고객들을 상대로 얼마든지 이벤트를 통한 고객 유입을 기대해 볼 수 있을 것이다. 가령, 오프라인 음식점이 모바일로 이벤트 페이지를 구축하고 고객에게 문자를 보내 회원가입을 유도한 후 쿠폰과 선물을 증정해준다면 고객의 정보를 수집할 수 있게 되고 지속적으로 재방문유도를 해볼 수 있을 것이다.

자, 쉽게 모바일 홈페이지 구축한 후 이어서 이벤트 생성 ➡ 문자 생성 ➡ 쿠폰 지급까지 도와주는 모바일 서비스를 소개한다.

바로 앞서 설명했던 꿍알 사이트를 운영하는 블루웹이 꿍알 서비스를 한 단계 업그레이드하여 모바일 마케팅 툴로서 만든 쿠킹엠 서비스(http://cookingm.blueweb.co.kr/)이다.

■ 쿠킹엠 서비스

❶ 쿠킹엠으로 만들어진 소상공인 업체들의 모바일 홈페이지 살펴보기
쿠킹엠로 만들어진 국내 대표 사이트를 살펴보도록 하자. 쿠킹엠을 이용한 모바일 홈페이지는 온라인 기업은 물론 치과, 성형외과, 게시트하우스, 학원, 헬스클럽, 스튜디오, 음식점, 펜션 등 다양한 분야에서 활용되고 있다.

■ 분당뉴욕치과
http://cookingm.com/nyd275

■ 더블유스타의원
http://cookingm.com/ws1234

■ 독일마을게스트하우스
http://cookingm.com/guesthouse

■ 무지개펜션
http://cookingm.com/injerainbow/index.html

■ DV실용음악학원
http://mp.blueweb.co.kr/dvvocal/index.html

■ 아이박스클럽
http://mp.blueweb.co.kr/ibox

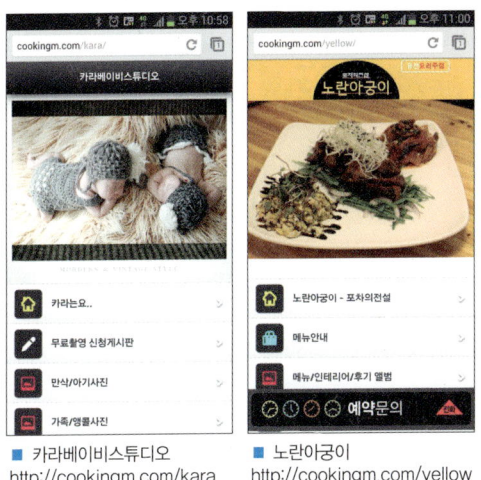

■ 카라베이비스튜디오
http://cookingm.com/kara

■ 노란아궁이
http://cookingm.com/yellow

01 쿠킹엠 솔루션으로 모바일 사이트 만들기

쿠킹엠은 유료 서비스로 쇼핑몰형, 기업형, 가게형, 파워형, 맥스형 등 5가지 유형이 제공된다. 온라인 쇼핑몰을 운영하는 업체라면 쇼핑몰형, 일반 기업 홍보용이라면 기업형, 온오프라인 매장을 운영하는 업체라면 가게형, 파워형, 맥스형을 추천한다. 서비스의 유형에 따라서 월 9,900원부터 55,000원까지 다양하며 모바일 홈페이지가 기본 장착되고 쿠폰, 이벤트, 문자 서비스, 쇼핑몰을 제작할 수 있는 가게형 서비스를 추천한다. 가게형 서비스는 월 25,000원으로 통계서비스도 지원하여 고객들이 얼마나 접속하고 이용했는지 알 수 있어 편리하다.

쿠킹엠 메인화면(http://cookingm.blueweb.co.kr/)에서 '신청하기' 메뉴를 클릭하면 5가지 유형에 대한 자세한 서비스 내용을 확인할 수 있고 신청할 수 있다.

쿠킹엠을 이용하여 모바일 홈페이지를 만들어보자. 회원가입하면 7일간 무료사용신청을 할 수 있다.

01 쿠킹엠 메인화면(http://cookingm.blueweb.co.kr/)에서 '쿠킹엠소개' 메뉴를 클릭한 후 [쿠킹엠 7일 무료체험] 버튼을 클릭한다.

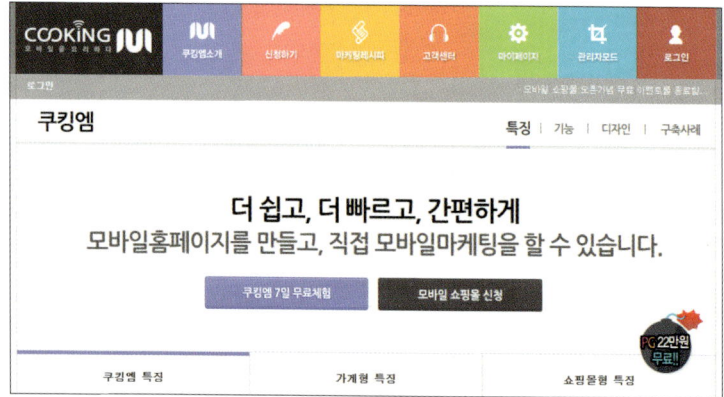

02 회원가입 후 쿠킹엠 신청 페이지에서 신청정보를 입력한다. 서비스내역에서는 모바일 주소를 입력하고 쇼핑몰, 기업형, 가게형 중 선택할 수 있는데 여기서는 가게형을 선택해보자. 이어 관리자 정보 입력란에서 FTP 정보를 입력한 후 [다음단계로] 버튼을 클릭하면 쿠킹엠 신청을 완료하고 기본 모바일 사이트가 완성된다.

■ 쿠킹엠으로 만들어진 기본 모바일 사이트

■ 쿠킹엠 신청 페이지 서비스내역 - 주소와 서비스 신청

03 이제 기본 모바일 사이트를 나만의 모바일 사이트로 꾸미고 관리할 수 있는 관리자모드 화면에 접속한다. 관리자모드 좌측 '메뉴설정' 메뉴를 선택한 후 모바일 사이트의 테마스킨을 선택하고, 메뉴를 설정하고, 쿠폰 이벤트를 설정하고, 게시판을 관리할 수 있고, 모바일 사이트의 통계 자료를 체크할 수 있다.

■ 쿠킹엠 관리자모드 메인화면

02 쿠킹엠 관리자모드에서 모바일 사이트 꾸미고 관리하기

쿠킹엠에 서비스에는 어떤 구성요소들이 있는지는 쿠킹엠을 사용해서 음식점 매출에 많은 도움을 받고 있다는 '노랑아궁이' 음식점 모바일 홈페이지(http://cookingm.com/yellow)의 화면을 통해서 설명하겠다.

■ 쿠킹엠으로 만들어진 퓨전포차 노랑아궁이 모바일 홈페이지

첫 번째, 메뉴설정을 해야 한다. 메뉴설정에서는 테마스킨을 통해 메인 이미지와 메뉴명들을 결정하는 것이다. 그림과 같이 무료로 제공되고 있는 모바일 홈페이지 스킨을 선택하고 해당 스킨 형태에 맞춰 추가로 작업을 해준다. 노랑아궁이의 경우는 심플 스킨을 선택한 상태이다.

■ 쿠킹엠 메뉴설정 – 스킨선택 화면

스킨 선택 후 상단의 타이틀 제목과 디자인 로고를 다음과 같이 입력해준다.

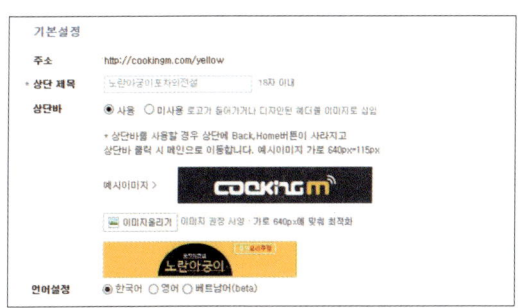

■ 쿠킹엠 메뉴설정 – 상단설정

그 다음으로 디자인 설정을 해주는데 메인배너로 어떤 이미지를 몇 개나 넣고 각각의 이미지에는 링크 주소 값을 연결할 것인지를 설정을 한다. 노란아궁이의 경우는 퓨전포장마차이기 때문에 상단 이미지에 안주 사진들을 여러 장 올려놓았다.

Chapter 02_ 소상공인 모바일 비즈니스 활용하기 **103**

■ 쿠킹엠 메뉴설정 – 상단디자인 설정

다음으로 메인의 하단 영역을 세팅하게 된다. 카피라이트 영역이라 부르는 하단에 어떤 문구와 어떤 이미지를 넣을 것인가를 결정하는 것이다. 카피라이트는 일반용과 전자상거래용이 있다. 전자상거래용은 원칙적으로 모든 하단에는 사업자등록번호, 통신판매업신고 번호 등 반드시 들어가야 할 내용들이 많기 때문에 별도로 정하도록 해놓은 것이다.

노란아궁이의 경우, 음식점이기 때문에 하단에 신속배달, 예약문의 등의 직접적인 연결을 유도하는 배너를 넣고 전화번호를 노출하고 모바일로 바로 연결게 세팅을 해 놓았다.

■ 쿠킹엠 메뉴설정 - 하단디자인 설정

이제 첫 화면에 보일 메뉴만 결정을 하면 된다. 메뉴명과 메뉴의 형태를 결정하는 것이다. 메뉴는 만들고 싶은 만큼 추가로 만들 수 있다. 노랑아궁이의 경우는 노랑아궁이에 대한 소개페이지, 메뉴안내, 인테리어소개페이지, 후기앨범페이지, 문의하기, 공지사항, 쿠폰/이벤트와 같은 메뉴들을 만들고 메인화면에 보이게 하고 있다. 매장이나 가게에 필요한 메뉴들을 잘 고민하고 선정하면 될 것이다.

■ 쿠킹엠 메뉴설정 - 메인메뉴 설정

Chapter 02_ 소상공인 모바일 비즈니스 활용하기 **105**

이제 메뉴관리로 들어가 보자. 메뉴관리는 바로 앞부분에서 메뉴 설정했던 메뉴들을 하나하나 세부적으로 구축해나가는 곳이다.

이미 스킨디자인으로 기본 틀이 만들어져 있기 때문에 일단 따라하면서 글과 이미지들을 집어넣으면 간단히 완성이 된다. 노랑아궁이의 경우는 음식점이기 때문에 메뉴안내에서는 안주와 주류로 카테고리를 나누어 각각 등록한 후 판매하고 있는 상품들을 모두 등록하는 절차를 진행하였다.

■ 쿠킹엠 메뉴관리 - 카테고리

상품등록기능도 웬만한 PC상의 상품등록과 기능별 큰 차이가 없을 정도였다. 상품이미지는 최대 10장까지 등록 가능하고 동영상도 삽입할 수 있다. 상품에 대한 옵션과 정보만 설명으로 세팅하면 상품등록도 쉽게 이루어진다. 가게형은 500개까지 등록 가능하니 웬만한 매장의 상품들은 거의 등록가능하다.

■ 쿠킹엠 메뉴관리 - 상품등록

노랑아궁이가 생성한 메뉴 중 문의하기가 있는데 문의하기부분은 폼메일 형식이라 하여 직접 모바일에서 운영자에게 고객이 문의메일을 보낼 수 있게 만든 폼이다. 고객이 궁금한 부분이 있다면 해당 폼에서 문의하기 내용을 보낼 수 있고 스마트폰에서 보내진 문의내용은 관리자모드에서 바로 확인 가능하다.

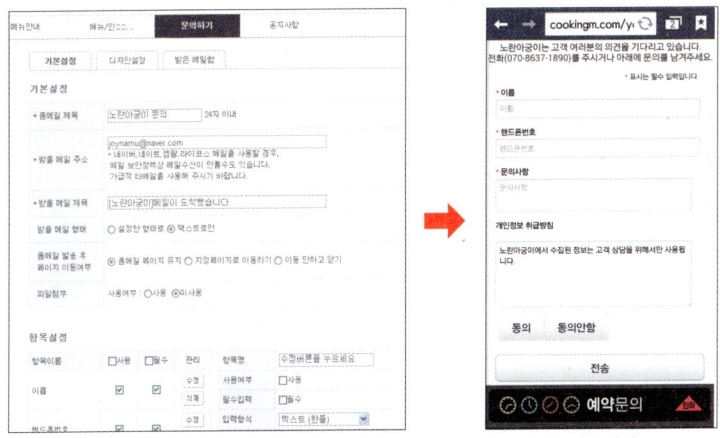

■ 쿠킹엠 메뉴관리 - 문의하기 메뉴_관리자모드에서 설정과 모바일 사이트의 결과 화면

Chapter 02_ 소상공인 모바일 비즈니스 활용하기

쿠킹엠 서비스의 백미는 이벤트와 쿠폰을 생성하고 고객에게 문자로 지급하는 기능이라고 볼 수 있다. 쿠폰/이벤트 메뉴에서 쿠폰 만들기를 선택하면 쿠폰 종류(할인, 사음품, 현금 등)를 선택하고 기간, 쿠폰이미지, 상세설명, 주의사항 등을 작성하면 쉽게 쿠폰이 만들어진다. 무료 디자인이 제공되기 때문에 내용만 적으면 된다. 노랑아궁이에서는 3000원 할인쿠폰을 걸어 매장에 온 고객이 쿠폰을 보여주면 할인을 해주는 방식으로 사용하게 하였다. 물론 한번 사용한 쿠폰은 다시 사용할 수 없게 되어 있다. 시즌 때나 날씨에 따라서 재미있는 의미의 쿠폰을 만들어 모바일로 보내준다면 한번 더 매장에 방문하는 효과를 볼 수 있다.

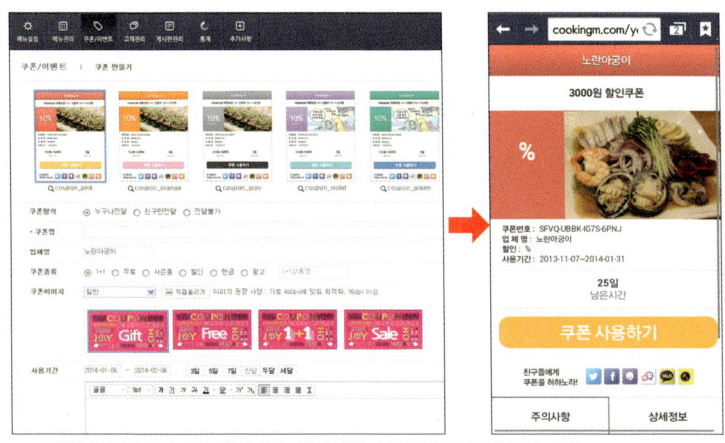

■ 쿠킹엠 쿠폰 만들기 메뉴_관리자모드에서 설정과 모바일 사이트의 결과 화면

이번에는 이벤트 만들기이다. 쿠폰과 이벤트는 판매촉진의 한 방법으로 비슷한 의미이지만 이벤트가 좀 더 재미적인 참여를 유도할 수 있기 때문에 기획을 잘 만 한다면 효과가 커질 수 있다.

쿠폰/이벤트 메뉴에서 이벤트 만들기로 들어가면 만들어진 이벤트 스킨이 있으므로 이를 적절히 활용하면 된다. 당첨방식도 지정할 있고 몇 %만 당첨시킬 것인지 등을 정해놓으면 된다. 랜덤당첨, 모두당첨 혹은 당첨자선택 등의 방식이 지원된다.

이벤트 참여자의 어떤 개인정보를 수집할 것인지도 설정할 수 있다. 노랑아궁이에서는 고객의 휴대폰번호를 알기위해 휴대전화등록 이벤트를 계속 열고 있는데 이 경우, 전화번호를 수집하는 것으로 선택을 하면 된다. 다음으로는 중복당첨을 허용할 것인지, 응모제한을 둘 것인지 등을 설정하는 기능이 지원된다.

■ 쿠킹엠 이벤트 만들기 메뉴_관리자모드에서 설정과 모바일 사이트의 결과 화면

기존의 웹사이트가 있던 회사나 쇼핑몰인 곳은 고객의 회원정보가 이미 있는 상태이기 때문에 전화번호를 추가로 이벤트로 만들어 받을 필요는 없지만 오프라인 매장의 경우, 고객의 개인정보가 없는 상태이기 때문에 재방문, 단골유도를 위해서는 고객의 전화번호는 필수로 받아두어야 한다. 초기에는 휴대폰(모바일)으로 진행하는 이벤트를 매장내 적극 알려서 전화번호 남기기 이벤트에 적극 동참할 수 있도록 하자.

또한 이렇게 가입한 고객들의 리스트가 관리될 수 있도록 그룹으로 나눌 수도 있으며 개별 고객들을 검색하여 쿠폰이나 이메일 등으로도 관련 메시지를 보낼 수 있다.

■ 쿠킹엠 고객관리 화면

통계관리도 제공하고 있어서 방문자수 통계, 페이지뷰, 유입경로 등을 알 수 있다.

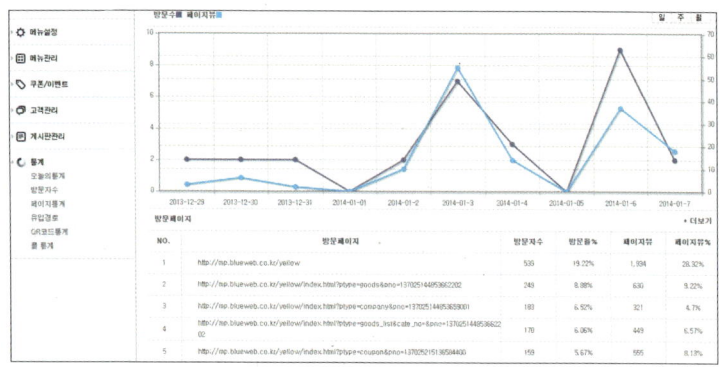

■ 쿠킹엠 통계관리 화면

> **Tip**
>
> 모바일 상으로는 단순히 상품을 나열하는 방식보다 정말 운영자가 추천하고 싶은 메뉴와 상품만을 선별하여 이벤트 가격으로 설정한 후 고객들로 하여금 지속적으로 클릭하기 위해서 방문하게 하는 것이 바람직할 것이다.
> 현재의 모바일 시장에서 소셜커머스가 돋보이는 성과를 내는 것은 무엇보다 저렴한 가격을 무기로 이벤트성 낚시질을 하여 소비자의 눈길을 사로잡는 전략을 쓰기 때문이라는 것을 다시 한 번 유념해보자.

CASE Consulting

모바일 소셜커머스 구축하기 편

1장에서 설명한 모바일 홈페이지 구축서비스와 2장의 모바일 소셜커머스 구축하기 편의 큰 차이는 바로 쿠폰과 결제서비스의 제공 여부이다.

1장의 모바일 홈페이지 구축서비스는 현재까지는 예약기능을 제공하는 정도가 기능의 메인 포인트였지만 2번에서 소개한 "쿠킹엠" 서비스는 모바일 홈페이지+이벤트제공+쿠폰발급+문자+결제 서비스가 함께 제공될 수 있다.

일반적으로 소셜커머스 업체들을 떠올리면 상품 및 서비스업종 이용쿠폰이 커머스 페이지에 올라가 있고 쿠폰을 결제하고 할인된 가격으로 이용할 수 있는 곳이라는 것을 알 수 있다.

이제 모바일 상으로도 큰 회사가 아니더라도 쿠킹엠같은 간단한 모바일 소셜커머스 구축 서비스를 이용하면 저렴하게 상품을 올려서 결제를 할 수 있는 쇼핑몰 구축도 가능하며 미용실, 음식점, 피부 관리실, 병원 등 다양한 업체에서 이벤트 홍보용으로 서비스 상품을 올리고 쿠폰을 고객들에게 배포하고 결제를 즉시하여 이용할 수 있게 만들 수 있다.

또한 1:1 문의 기능 삽입, 전화걸기 연결도 가능하여 고객들이 스마트폰에서 바로 업체전화 걸기가 가능해지고 고객의 후기가 SNS로 연결되어 많은 잠재고객들에게 공유가 될 수 있다.

물론 5가지 유형에 따라 지원서비스와 비용 등이 다르기 때문에 좀더 상세하게 살펴보고 모바일 활용 용도에 따라 선택해야 할 것이다. 비용은 월단위로 책정되어 있다.

CASE Story

복싱다이어트 클럽

복싱다이어트 ibox 클럽을 운영하는 홍효식 대표의 모바일샵 활용 인터뷰 사례이다.

• ibox 클럽 모바일 주소 : http://cookingm.com/ibox

■ ibox 클럽 모바일 홈페이지

Q 모바일샵을 만들게 된 계기는?
홈페이지를 운영하고 있었는데 스마트폰으로 인해 접속률도 떨어지고 최적화 되지 못한 화면과 기능 때문에 정보 전달역시 어려워지면서 매출에 영향을 주게 되어 변화된 환경에 대처하기 위해 2013년 초에 모바일샵을 만들게 되었습니다.

Q 모바일샵은 어떤 방식으로 오픈하게 되었나?
다양한 솔루션 업체들을 보게 되었는데 블루웹의 솔루션이 가장 뛰어나 보였고 무엇보다 어려운 기능인 부분은 기본 템플릿으로 다 만들어져 있는 환경에서 이미지 디자인만 하면 쉽게 만들 수 있는 부분이 가장 마음에 들었습니다.

Q 모바일샵을 만들기 전과 이후의 변화가 있다면?
당장 눈에 보이는 효과는 고객들과의 소통과 교감이 원활해졌으며 그 결과 효과적인 정보 전달과 마케팅으로 매출 역시 확연하게 늘었습니다.

Q 모바일샵을 이용하는 고객은 어떤 사람들인가?
주로 모바일폰으로 정보를 얻고자 하는 일반인들이 대부분인 것 같은데 아무래도 젊은 층이 주로 이루는 것 같습니다.

Q 모바일샵의 이용고객 현황은 어떠한가?
현재 회원 가입제가 아니라서 정확한 파악은 어려우나 하루 방문수 평균 30~40명 이상 방문하고 있으며 저희 업체는 주로 여성 고객이 많기 때문에 남성보다는 여성이 더 많이 이용하는 것으로 파악됩니다.

Q 모바일샵이 인터넷샵과 다른 점은 무엇이라고 생각하는가?
인터넷샵과 비교하면 당연히 최적화 되어있는 환경의 차이가 있으며 중요한 것은 사람들의 더 이상 PC를 하지 않기 때문에 모바일샵은 선택이 아니라 필수라 생각합니다.

Q 귀사에서 운영하는 모바일샵만의 특징을 반영한 전략이 있다면?
다른 업체보다는 이미지 디자인을 조금 더 감성적으로 다가가기 위해 노력하고 있으며 단순한 정보 전달보다는 다양한 기능을 활용하여 오프라인 서비스와 융합시키기 위해 많은 노력하고 있습니다.

Q 모바일샵의 성공 포인트는 무엇이라고 보는지?
스마트폰은 PC와 다르게 화면이 작기 때문에 너무 많은 기능과 항목 보다는 간략하고 필요한 부분을 위주로 제작하며 SNS기능과 연동하여 입소문전략에 효과적으로 만드는 것이 중요한 것 같습니다.

Q 앞으로의 모바일샵 시장 전망
일본 최대의 전자업체 소니도 PC사업을 철수 했듯이 앞으로 PC는 전문가들 외에는 일반인들이 사용하지는 않을 것 같으며 당연히 PC를 대처해서 모바일 시장은 선택이 아닌 필수 시장으로 성장 할 것 같습니다.

Q 모바일샵을 오픈하고자 하는 이들에게 한마디 조언을 한다면?
지금이라도 시작한다면 늦지 않았다는 말을 하고 싶고 많은 업체들보다 모바일 마케팅 시장을 선점하는 효과를 가질 것이라 생각합니다
그리고 단순히 만들어 놓는 것에 그치면 안 되고 모바일 온라인 서비스와 오프라인 서비스가 함께 융합되어 고객들에게 보다 원활한 정보와 소통을 하는 것이 중요하다 생각합니다.

모바일 앱 손쉽게 만들기 4

모바일 앱과 모바일 웹의 차이에 대해서는 Chapter 01에서 설명한 바 있다. 지금까지 모바일 비즈니스를 시작하는데 있어 다루어왔던 서비스들은 모두 모바일 웹과 관련된 내용들이었다.
하지만 진정 모바일만의 특화된 비즈니스를 시작하기 위해서는 모바일 앱 개발이 뒤따라주어야 한다. 모바일 앱을 서비스하여 고객들이 앱 설치만 해준다면 고객들과의 직라인이 반영구적으로 생기는 것이나 다름없기 때문이다. 즉 앱을 통한 고객 확보는 들쑥달쑥한 매출에서 안정적인 매출을 기대할 수 있게 된다.

그러나 개발지식이 없는 저자와 같은 창업자에게는 모바일 앱을 직접 개발하는 것이 배워서 될 것인지에 관해서조차 의구심을 가질 수밖에 없다. 아마도 개발사를 찾아가 의뢰를 하는 것이 매우 합리적인 방편인지도 모른다. 이런 어려움을 다소나마 해소할 수 있는 모바일 앱 구축서비스가 있어 소개를 하고자 한다.

01 무료 공개 소스로 앱 만들기

모바일 앱개발에 있어 현재는 제조사의 단말기에 내장된 OS에 따라 적어도 두 버전으로 개발되어야 한다. 즉 안드로이드 OS와 아이폰 OS 버전인 것이다. 각각 OS들은 개발도구로 elipse, xcode 등 소프트웨어들을 제공하는데 이들 도구에 맞춰서 별도로 버전을 각각 다르게 만들어야 대부분의 유저를 대상으로 서비스를 제공할 수 있게 되는 것이다. 즉, 개발환경이 달라 개발 비용이 2배가 된다고 한다.

다양한 고급 앱 기능을 템플릿 형태로 개발 소스 무료 제공
안드로이드, iOS 용 두 버전 모두 지원
html 소스 다룰 줄 알면 앱 개발 쉽게 제작 가능

하지만 네이티브 앱 개발사인 로지오사에서 개발 초보자도 2배에 이르는 개발비용을 들이지 않고 모바일 앱개발을 할 수 있는 서비스를 지원한다고 하여 소개를 하고자 한다.

개발자의 설명으로는 코드를 건드리지 않고 이미지만 바꿔서 컴파일하면 두 버전(안드로이드, iOS)의 앱이 만들어진다는 설명이다. 단, html을 다룰 줄 아는 초보 개발자 이상이어야 한다는 단서가 붙는다. 고급개발자가 최소 한 달 이상 걸려야 개발하는 정도의 작업을 다음의 앱플러스폼(www.applusform.com)을 이용하면 일주일 정도면 개발할 것이라고 한다.

■ 앱플러스폼 사이트

앱플러스폼은 누구나 직접 앱 제작이 가능하도록 미리 만들어 놓은 AppForm(일종의 템플릿)를 제공하는 서비스이다. 사용자가 쉽게 변경 할 수 있는 형태의 코드로 제공되기 때문에 코드를 읽을 정도의 실력, 즉 html 소스 코딩을 할 줄 아는 이들이라면 자유롭게 화면과 기능을 변경하여 앱 마켓에 배포 할 수 있다.

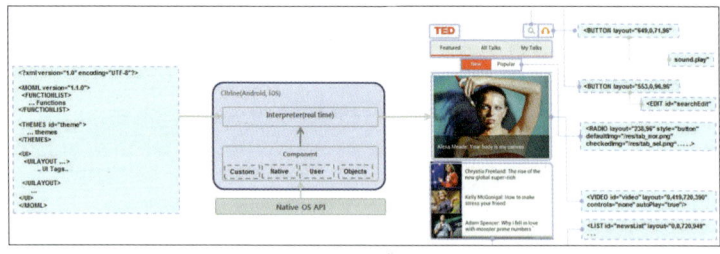

하나의 코드로 안드로이드와 ios에서 동일하게 동작하며, 스마트폰과 패드와 같이 다양한 해상도의 단말에 대해 동일한 화면을 출력한다.

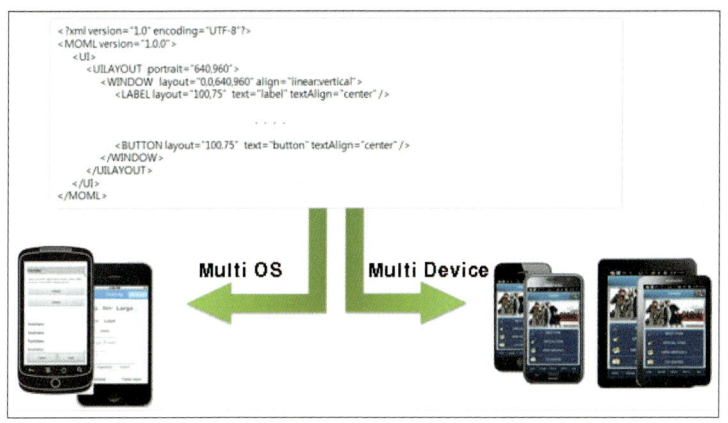

자, 이제 앱폼(AppForm)을 이용하는 방법을 간단히 살펴보자.

01 앱폼을 이용하기 전에 당연히 어떤 앱을, 어떤 메뉴와 기능으로 제공하고자 하는 것인지에 대한 화면 설계도가 필요하다. 그런 다음 앱폼에서 서비스하는 템플릿들을 살펴보고 이용할 수 있는 앱폼을 선택한다.

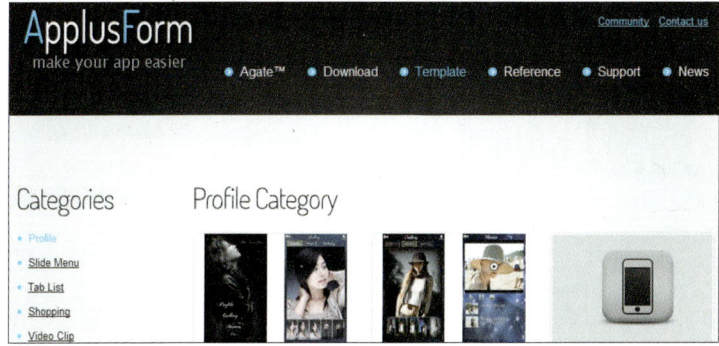

02 그 다음으로 AppForm은 설치 및 수정이 용이하도록 선택된 앱의 개발 프로젝트 전체를 압축파일 형태로 제공해준다. 해당 앱의

Android 또는 iOS용 프로젝트를 다운로드받아 버전별 개발도구(안드로이드-elipse ADT, iOS-xcode)를 통해 수정 또는 보완한 뒤 앱을 완성한다.

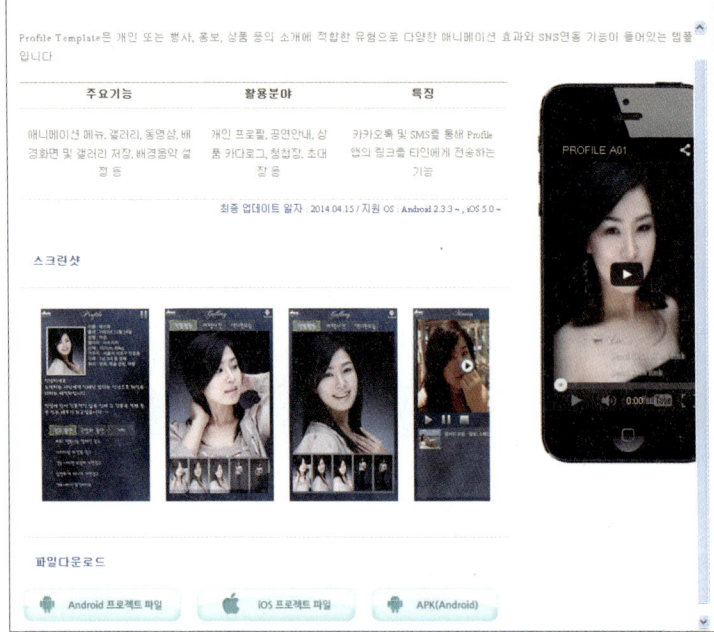

■ 앱 플러스폼에서 지원하는 스마트폰OS별 파일

03 완성된 앱을 컴파일하는 과정을 거쳐 앱마켓에 등록을 한다. 단, 앱 폼에서는 컴파일 하기전의 모든 전반부의 작업은 무료로 제공되지만 정식 앱으로 출시하기 위해서 컴파일 후 30일내에 라이선스 Key를 유료 발급받아야 한다. 하지만 차차 무료로 앱개발을 할 수 있도록 지원할 예정이라고 한다.

통상적으로 보통의 일반 앱을 하나 개발하는데도 300~500만원이 든다고 생각해볼 때 개발비를 대폭 절약할 수 있는 방법이라고 생각된다.

그렇다면 앱폼에서 제공하고 있는 모바일 앱 개발 템플릿들을 대략적으로 살펴보자.

메인화면에서 알 수 있듯이 모바일 앱 개발자들이 제공하는 서비스여서 그런지 상세한 설명보다는 어떤 것을 이용할 수 있는지 알 수 있게 매우 직관적인 인터페이스를 보이고 있다.

앱플러스폼 사이트에서는 제일 먼저 앱폼을 선택하는 과정을 묻는다. 이미 앱폼에서는 주요한 모바일 앱의 용도별로 템플릿형으로 개발 소스를 무료로 공개하고 있는데 제공하고 있는 타입도 여러 가지이다.

■ 앱 플러스폼의 앱폼 템플릿메뉴

첫 번째, Profile Template은 개인 또는 행사, 홍보, 상품 등의 소개에 적합한 유형으로 다양한 애니메이션 효과와 SNS연동 기능이 들어있는 템플릿이다. 디자인유형은 2가지가 제공되고 있다. 개인의 프로필 페이지와 사진, 동영상 등을 넣을 수 있게 프로그래밍되어 있다. 사이트에서 동영상을 직접 볼 수 있게 지원하고 있다.

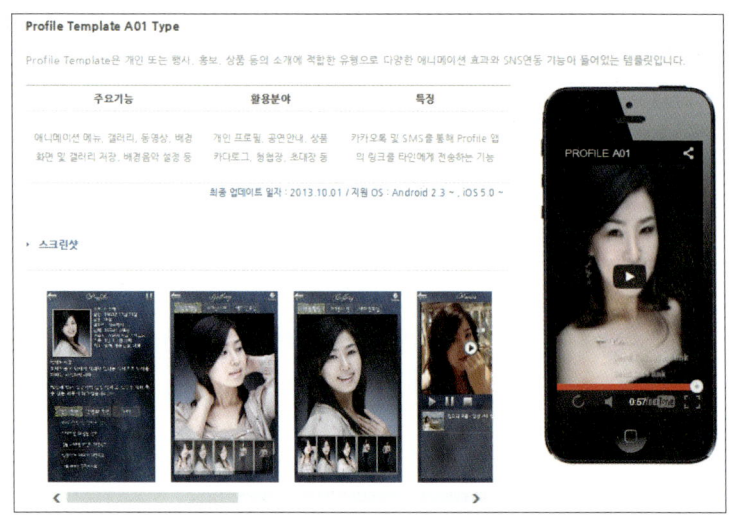

■ 앱폼 템플릿메뉴 - Profile

두 번째, Slide Menu Template은 서비스 메뉴가 많은 경우에 메뉴를 좌측으로 보일 수 있도록 슬라이드 형으로 구축하고자 할 때 사용할 수 있는 템플릿이다. 7가지 타입의 디자인이 제공되고 있는데 기본적인 슬라이드 메뉴이동, local html page로드, 아이콘 애니메이션, 지도연동 등이 지원되고 메뉴 영역이 좌측에 노출되는 형식이다. 좌측메뉴 부분이 사라졌다 보였다 하게 된다.

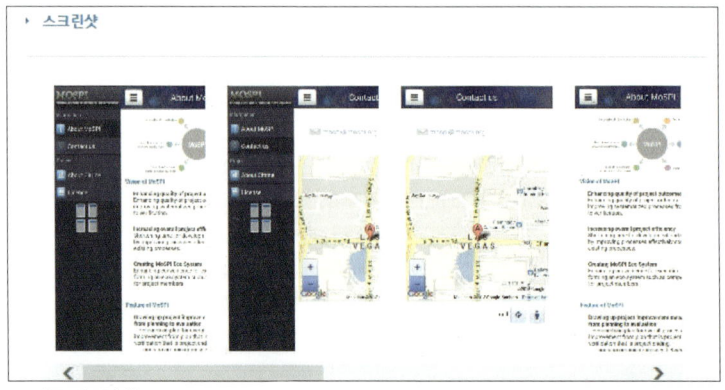

■ 앱폼 템플릿메뉴 - Slide Menu

세 번째, Tab List Template은 모바일 앱에서 컨텐츠가 많이 들어가는 형식일 경우나 제공하고자 하는 카테고리도 많고 다양할 경우 활용해 볼 수 있는 형식들을 지원한다.

 3가지 형태를 지원하며 개중에는 프랜차이즈업체의 앱개발 형태도 템플릿으로 보여주고 있으니 확인해보기 바란다. Tab List에서는 다양한 리스트 UI, 카테고리별 보기, 지도, 날씨연동, 검색 기능 등 다양한 기능과 서비스가 지원되고 있다.

물론 지역별 카테고리 사용 및 위치정보 연동 서비스 제공, 카메라 연동 사진 업로드 및 글쓰기 기능도 구현 가능하다.

■ 앱폼 템플릿메뉴 - Tab List

네 번째, Shopping Template은 쇼핑몰 형식의 앱에 적합한 형식이다. 일반 쇼핑몰, 제품 카탈로그, 디지털 브로슈어 등을 제작할 수 있게 기능지원을 한다. 다양한 리스트 UI, 관심상품, 제품 상세 보기를 할 수 있고 특이한 것은 카메라뷰에서 제품 이미지를 손가락으로 오버레이 하여 제품 착용 미리보기 기능을 이용할 수 있게도 지원된다. 가상현실 느낌이 살짝 나는 모양새이다.

■ 앱폼 템플릿메뉴 – Shopping

다섯 번째, Video Clip Template은 동영상 기반의 서비스 제공에 적합한 앱형식이다. 만약 동영상 강의를 제공하고자 하는 강사이거나 동영상을 가지고 수익모델을 만들려는 계획이 있다면 적극적으로 해당 모바일 앱 코드를 이용한다면 훨씬 저렴하게 앱을 개발 할 수 있을 것이라고 생각된다.

이 형식에서는 동영상 리스트, 동영상 플레이, 전체화면 플레이 등을 지원한다. 또한 동영상 플레이는 유투브 동영상 스트리밍을 통한 컨텐츠 제공 방식으로 제공중이다.

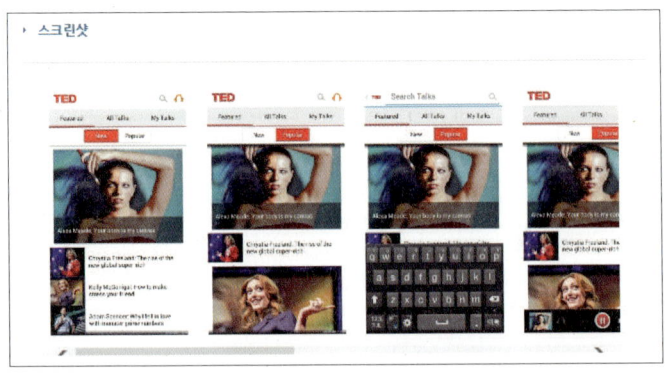

■ 앱폼 템플릿메뉴 – Video Clip

여섯 번째, Magazine Template은 e-book, 잡지, 카탈로그 등 디지털 잡지 및 콘텐츠 서비스 제공에 적합한 앱형식이다. 아래 샘플 이미지만 봐도 어떤 기능들이 구현되어 있는 템플릿인지 알 수 있을 것이다. 가로/세로 화면 전환, 화면 확대/축소, 화면 전환 효과 등의 기능이 지원되고 이에 따라 부드러운 책장 넘김 효과, 가로/세로 UI 전환, 책장 형식 UI 등이 만들어져 있다.

■ 앱폼 템플릿메뉴 - Magazine

일곱 번째, Enterprise Template 부분은 앱폼에서 병원 의료진용 앱을 서비스로 디자인하여 제공하고 있는 부분이다. 모바일 단말기에서 의료 업무를 수행할 수 있도록 의사와 간호사 그룹에 특화된 업무 서비스를 모바일로 구현한 기능이라고 보면 된다.

환자정보, 진료일정, 진료현황, 알림서비스 등이 보이고 권한별 로그인, Push Msg, 차트/그래프 노출 효과, 녹음기, 그림판, 카메라 연동, 가로/세로 화면 전환 효과 등 다양한 기능들이 의료 업무를 보는데 도움이 되도록 설계되어 있다. 만약 개인병원에서 모바일 앱 개발을 염두에 두고 있다면 한번쯤 무료로 기능이 제공되고 있음으로 살펴보는 것이 도움이 될 것이라고 본다.

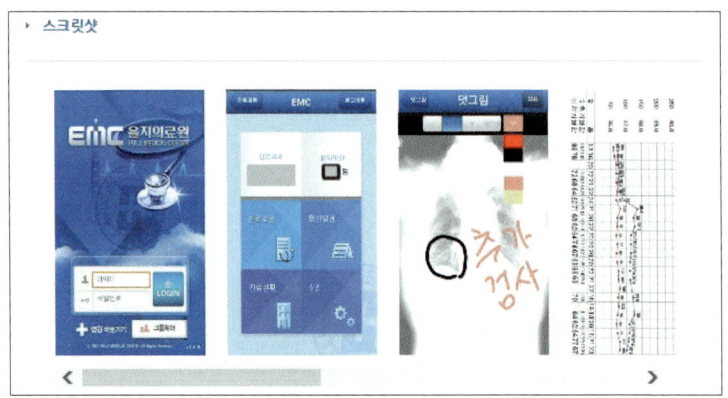

■ 앱폼 템플릿메뉴 - Enterprise(병원용 앱)

끝으로 제공되는 3rd Party Template은 제휴업체가 개발하여 제공하는 앱폼으로 넥스텔이란 외주개발사가 개발한 한국물리학회 앱, 매물닷컴, 스마트폰 쇼핑몰 등 몇 가지 앱을 공개적으로 사용해볼 수 있도록 제공하고 있다. 이들 기능 중에서도 유사한 기능을 구현하고자 한다면 참고해 볼만 하다.

이렇게 앱폼에서 제공하고 있는 무료 앱폼들은 다양하다. 일반적으로 앱에서 고급기능으로 구현하려고 할 때 사용되는 많은 스킬들이 이미 템플릿형태로 제공되고 있는 것이다.

자, 그 다음으로는 2단계 앱폼 프로젝트 세팅과정 ➔ 3단계 앱폼에 콘텐츠 채우기과정 ➔ 4단계 포장후 앱마켓에 출시하기까지 진행을 해야 한다. 해당 과정별로도 앱플러스폼 사이트 메인 상단부분에서 클릭하면 살펴볼 수가 있다. 워낙 개발에 관련된 부분이어서 자세한 설명은 생략하고 이후 과정의 진행에 대해서 대략적인 이해를 돕기 위해 간단히 설명해보면 다음과 같다.

■ 앱폼 4단계별 설명

2단계인 앱폼 프로젝트 세팅과정은 Android용 AppForm 프로젝트를 다운 받았다면 eclipse ADT가 설치가 되어 있어야 하며, iOS용 프로젝트를 받았다면 Xcode가 설치되어 있어야 가능하다. 개발툴에 선택한 앱폼의 템플릿 코딩된 부분을 내려받는 과정이 들어간다.

이 과정이 마무리되고 나면 3단계에서 새롭게 교체할 개발하고자 하는 앱 컨텐츠를 교체하고 수정하는 등의 작업을 개발도구에서 해주는 것이다. 이것이 마무리되었다면 4단계로 들어가게 된다.
4단계에서 앱 이름과 아이콘을 바꾸어 비로소 자신의 앱을 완성하는 것이다.
완성이 되었다면 앱을 배포 가능한 상태로 Package를 해야 하는데 이것은 Package는 apk 또는 ipa와 같이 배포 가능한 형태로 만드는 것을 의미한다. 앱을 배포 가능한 상태로 Packaging 하기 위해서는 먼저 고유의 패키지명을 지정해주는 과정이 있다. 주의할 점은 Package명은 앱 마켓에 올려야하기 때문에 전 세계에서 유일한 이름이어야 한다는 점이다.

AppForm license key 발급받기

한 가지 중요한 점은 AppForm을 사용하여 만들어진 앱을 배포하기 위해서는 license key를 발급 받아 프로젝트에 포함을 시켜야 한다는 점이다. 앞서 언급했지만 비용이 발생한다.

처음 만든 상태의 앱메인에는 우측 하단에 ApplusForm 마크가 노출 된다. 이 상태로 라이선스 키를 발급받지 않으면 배포를 하더라도 일정기간 후 앱이 동작을 하지 않는다.

■ 앱폼 라이선스 키 발급전 – 우측 하단에 앱폼 회사 표시 노출

정식으로 license key적용을 하고나면 우측 하단에 보이는 ApplusForm.com 마크가 보이지 않게 된다. 마크가 보이지 않게 되었을 때 마켓에 등록하여 배포한다.

하지만 앱폼에서는 향후 유료(35만원)로 진행되던 라이선스 키발급을 간단한 이메일 인증절차로 바꾸고 무료로 진행할 수 있게 정책을 변경할 예정이니 참고하면 좋겠다.

02 임대형 솔루션으로 앱 만들기

앱을 구축하기 위해서 지출해야 하는 초기 개발비는 앱 개발 시 가장 부담스러운 걸림돌이다. 앞서서 소개했던 앱플러스폼 서비스의 경우는 개발비를 아낄 수 있도록 이미 만들어진 앱의 개발 소스를 공개받아 조금만 수정을 해서 앱을 구축할 수 있는 서비스라는 특징이 있지만 사실이 부분도 어느 정도 html을 다룰 수 있는 기본 실력이 있어야 만들 수 있는 한계가 있다. 프로그래밍 부분에 전혀 지식이 없는 자영업자, 소상공인들이 무조건 이용할 수는 없는 서비스인 셈이다. 이번에 소개하는 앱 구축 서비스는 초보자이어도 쉽게 앱개발이 가능한 서비스이다. 앱은 무료로 구축해주고 대신 앱 서버비용을 월 임대방식으로 내면 되는 형태이기 때문이다. 바로 임대형 앱관리 솔루션을 제공하는 바이앱스(http://byapps.co.kr)를 사용하면 된다.

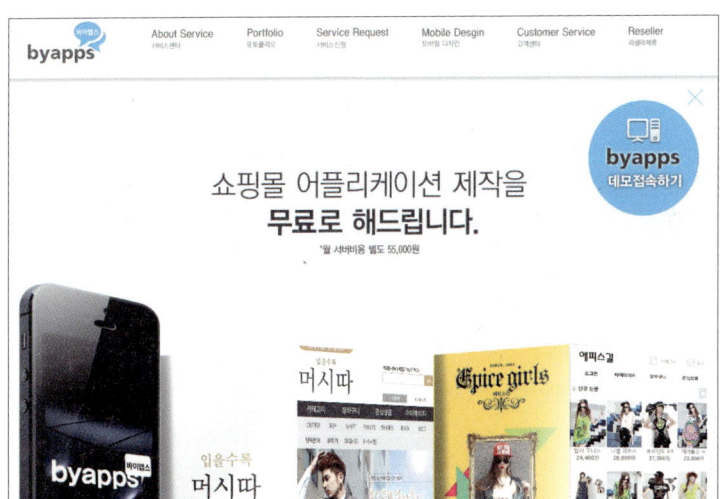

■ 바이앱스 사이트

바이앱스는 일반적인 임대형 쇼핑몰솔루션사와 유사하게 앱개발은 무료로 지원하고 월 관리비를 임대식으로 받는 서비스를 지원한다. 서버 비용 월 55,000원을 받는다. 바이앱스는 모바일 웹이 아닌 모바일 앱을 개발 지원하는데 바이앱스가 앱 개발비를 무료로 지원하는 데에는 조건이 있다. 바로 업체의 모바일 웹페이지가 존재해야 한다는 점이다.

가령, 쇼핑몰의 경우 대부분의 임대형 솔루션을 사용한다면 이미 모바일 웹페이지는 연동을 하여 구축이 되는 경우가 많다. 이런 조건의 쇼핑몰에서 앱을 출시하고 고객들에게 다운로드를 받게 서비스를 해주고 싶다면 바이앱스를 통해 기존의 모바일 웹페이지를 앱상태로 구현되도록 연동해주는 개념이다. 이를 하이브리드 앱이라 일컫는다. 그렇기 때문에 별도의 개발비는 받지는 않는다.

다만 바이앱스는 앱을 운영하면서 관리적인 측면에서 필요한 통계치 제공, 앱과 쇼핑몰의 연동기능제공(푸쉬관리), 앱디자인 수정 등의 기능을 지원하고 이러한 앱이 구동되는데 요구되는 서버사용료를 받는 것이다. 바이앱스의 앱관리자 모드는 첫 화면에서 데모보기를 누르면 어떤 기능들이 앱관리 기능으로 제공되는지 바로 확인할 수 있다.

■ 바이앱스 앱관리자 모드

CASE Consulting

모바일 앱개발 쉽게 도전하는 방법 편

모바일 비즈니스를 준비한다는 것은 모바일 앱서비스를 빼놓고는 말할 수 없을 것이다. 모바일 웹서비스에 비해 모바일 앱은 일반 초보자가 생각하면 막연히 개발비가 많이 들고 준비하기 어려울 것 같기만 하지만 조금만 찾아보면 모바일 앱도 비교적 간단하게 해결할 수 있는 서비스들이 있다.

첫 번째 소개했던 앱플러스폼 서비스는 약간의 개발지식이 있는 개발자가 있다면 고퀄리티의 모바일앱을 보다 손쉽게 개발할 수 있도록 프로그램 소스를 무료로 공개하는 사이트였다. 게다가 안드로이드 OS 및 아이폰 OS상의 프로그램 소스 모두 지원되기 때문에 개발 비용을 더욱 줄이는 서비스인 셈이다.
자주 이용되는 앱 인터페이스의 화면 기획요소들은 템플릿으로 만들어져 있어서 간단한 소스 수정 만으로도 사용할 수 있게 되어있다.

두 번째, 바이앱스 서비스는 모바일 웹페이지가 존재하는 경우에 현재의 모바일 웹페이지를 앱으로 만들어 하나의 어플리케이션으로 다운로드 받을 수 있게 연동해주는 서비스였다. 물론 앱 개발비를 별도로 내는 것은 아니지만 대신 해당 서비스를 이용하기 위해서는 월 사용료를 낸다.

필자 입장에서 모바일 앱을 서비스하는 것이 필요하다고 생각되는 것은 무엇보다 고객의 스마트폰에 자사의 서비스가 설치되어 반영구적인 고객과 1:1 커뮤니케이션 채널이 생기기 때문이다. 앱을 설치한 고객은 반드시 업체의 소식을 볼 수 밖에 없게 된다. 대단한 마케팅인 것이다.
즉, 이메일 광고는 보지도 않고 휴지통으로 보낼 수 있지만 스마트폰으로 오는 문자나 소식은 꼭 쳐다봐야 한다는 극명한 차이가 존재한다.

처음 모바일 시장이 열렸을 때는 모바일 앱 자체를 수익화하여 다운로드 수에 따라 광고비가 책정되거나 유료 다운로드로 수익을 내었지만 이제 모바일 앱은 고객 커뮤니케이션의 필수 채널이 되어가고 있다.

CASE Story

연세열린태권도장

연세열린태권도장을 운영하는 이석오관장의 모바일 앱 활용 인터뷰 사례이다.

• 모바일 주소 : yonseiyltkd.moapp.kr

■ 연세열린태권도장 모바일 홈페이지

Q 모바일 앱을 만들게 된 계기는?
태권도장을 운영하다보니 주변학원 운영시스템에도 관심이 많아요. 주위 학원들이 운영하는 걸 봤는데 알고 보니 학원가뿐만 아니라 일반 사업체를 운영하시는 분들이 어플을 이용하시더라구요. 모두 어플 가입해서 들어가 본건 아니지만 일단 이렇게 모바일 앱을 활용 하는구나라고 생각했는데 우연히 영업사원이 찾아와 가입권유를 해서 바로 만들게 되었습니다.

Q 언제 시작하였나?
2012년 1월 정도부터 운영했습니다. 본격적인 시행과 가입권유는 2012년 3월 정도였습니다.

Q 모바일 앱은 어떤 방식(개발방법)으로 오픈하게 되었나?(솔루션 등)
지금은 앱 개발업체들과 관리업체들이 엄청 많은 것 같아요. 하지만 2012년 당시에는 그리 많지 않아서 다른 업체와 비교하지 않고 그냥 회사에 자주 전화를 걸어 저희가 만들어 놓은 PR방식의 포트폴리오나 PPT, 한글 문서를 건네주면 업체에서는 그 문서를 토대로 저희 어플 디자인과 대략적인 틀을 만들어 줍니다. 상황에 따라서 폴더 및 이모티콘 등 수정 조건을 말해주면서 진행했어요.

Q 모바일 앱을 만들기 전과 이후의 변화가 있다면?
우선은 학부모님(고객)과의 관계에서 커뮤니티가 굉장히 손쉽고 빠르게 이어질 수 있고, 문서와 각종 행사 사진들을 실시간 업데이트, 출석시스템, 차량위치확인, 건의사항, 실시간 대화 등 다른 방법으로는 쉽게 할 수 없거나 시간이 많이 소요되는 도장 운영 일들이 모바일 앱으로 간단히 해결되고 있습니다. 특히 일단 고객이 스마트폰에 저희 어플을 설치만 해두면 도장에서의 소식들이 알림으로 뜨고 손가락 한번으로 터치만 하면 정보를 바로 확인하기 때문에 부모님들이 아이들을 맡긴 입장에서 안도감이 들고 아주 편하다는 말씀들을 많이 하세요.

Q 인터넷 사이트를 구축하지 않고 모바일 앱으로 마케팅을 하는 이유는?
인터넷 사이트의 경우는 고객들이 직접 일일이 접속하여 앞으로의 진행 상황들을 파악하여야 하는데, 가장 큰 고민은 그만큼 고객들이 저희에게 가정 및 직장에서 시간내어 확인을 얼마나 해줄까였고 일부 열성 고객들을 제외하면 현실적으로 와닿지 않았어요. 사이트라고 하긴 부족하지만 까페를 운영해봤는데 노력에 비해 별다른 호응을 얻진 못했습니다. 모바일 앱으로 마케팅을 한다기보다는 고객들이 더 손쉽고 더 편리하게 저희와의 소통관계를 열고 싶어서 오픈하게 된 것입니다.

Q 모바일 앱의 이용고객 현황은 어떠한가?
현제까지 설치된 인원수는 약 7백명이 좀 더 넘는데 그 중에서 실 사용자는 4~5백명 정도입니다. 저희 나름의 프로그램과 유출 금지되는 문서들이 있다보니 가입할 때 마다 저희 회원인지 전화해서 신분 확인 후 승인하고 있어서 실 사용자는 그만큼 줄어들었습니다.

Q 모바일 앱이 기존의 인터넷사이트 등과 다른 점은 무엇이라고 생각하는가?
모바일 앱은 회원유치 및 유지면에서 특히 앞으로의 장기 고객들을 확보하고자 한다면 절실히 필요한 시스템이라고 생각해요. 운영자가 어떤 변화나 어떤 시도를 한다면 고객들이 그것을 쉽고 빠르게 인지할 수 있게 해주어야 하고 그러면 고객들도 좋은 이미지를 가지고 매장이나 업체를 찾아와 준다고 생각합니다.
인터넷 사이트도 큰 힘이 되겠지만 위에서 말씀드렸듯이 요즘 시대의 트렌드를 맞추려면 편리함은 우선 제공하고 시작해야 한다고 생각해요.

Q 귀 태권도장만의 모바일 앱 활용 전략이 있다면?
활용방법과 블로그 형태의 볼거리도 알려주고 아이들 사진도 업데이트하며 관리해요. 행사접수나 어떤 물음도 모두 어플내의 댓글로 받다보니 되묻는 질문들도 훨씬 적고 고객들은 상대적으로 바쁜 수업시간에 전화를 걸지 않고 답변을 기다리시죠. 야외행사시 실시간으로 사진과 차량 위치 등을 업데이트하며 안도

감을 주곤 합니다. 앱에서의 활용도가 낮아진다거나 접속수가 줄어들 즈음엔 퀴즈를 내어 정답을 맞추는 분에게 선착순으로 상품도 주고 오락성을 갖고 접근하기도 하죠.

Q 모바일 앱의 성공 포인트는 무엇이라고 보는지?
가장 중요한것은 앱에 가입을 적극 유도하고 그분들께 앱을 설치시켜 드리는 것이예요. 이것만 이루어질 수 있다면 절반은 성공한 것이라고 생각합니다.
가입이 손쉽게 이뤄질 수 있도록 처음 오신분에게는 가입방법 안내문을 별도로 만들어 전달하거나 직접 가입하실 수 있도록 설치해 드려요.

Q 앞으로의 모바일 앱 시장 전망
앞으로 대부분의 사업장은 모바일 앱을 운영할 것으로 예상되네요. 지금 우리가 알지 못하고 잘 다루는 사람들이 적어서 그렇지 조금 시간이 지나 많은 사람들이 알게 된다면 생각하지 못했던 더 큰 세상의 시장이 되지 않을까라는 생각도 하곤합니다.

Q 모바일 앱을 오픈하고자 하는 자영업자, 소상공인들에게 한마디 조언을 한다면?
여러 종류의 많은 앱들을 봤는데 활성화가 되지 않은 곳이 더 많은 것 같고, 비싸게 설치를 했지만 업체들은 가입만 시키고 어떻게 운영해야 하는지 관리 방법들을 세세하게 알려주진 않아요. 이후는 본인이 직접해야 하는데 몇차례 연습하다가 포기하게 되는 것 같고 다시 의욕을 내어 활성화 시키기에는 지식이 없는 분들이 대부분입니다.
시작하기 전 업체 직원이라던지 영업사원에게 물음거리와 사용하고자 하는 목적의 형태를 정확하게 메모하시어 물어보시고 어플이 제작진행 될 때 항목들이 제대로 진행되는지 모두 확인하세요.
그리고 고객들의 어플가입을 유도하시고 자주 소식들을 알림을 통해 알려주세요.
처음에는 어렵게 느껴질 수 있겠지만 어느 정도의 활성화 지식 등을 습득한 후에 시작한다면 손쉽게 다가갈 수 있고 본격적인 활용을 시작할 때 여러 형태의 장점들이 나오게 되요. 고객들은 저희 입장을 더 이해하기도 하고 편리해 하기도 하시는 것은 물론이고 때론 운영자도 예상하지 못했던 소비자의 댓글로 입소문 광고와 홍보 이미지의 전파 등 도장을 알리는데 한 몫을 합니다.

모바일 마케팅 솔루션으로 매장 홍보하기 5

이번에는 모바일 비즈니스를 시작하고자 할 때, 좀 더 쉽게 써볼 수 있고 흥미로울 수 있는 재미난 개발 서비스들을 소개 하고자 한다.

01 모바일 솔루션으로 매장 고객 관리 & 홍보하기

❶ #4545 번호로 문자 접속

기업이나 매장이나 고객을 잡아야 성공할 수 있다는 것은 불변의 진리이다. 하지만 고객을 방문하게 만들기도 쉽지 않고 고객의 연락처를 알아내기도 정말 어려운 것이 현실이다.

특히 인터넷 사이트나 쇼핑몰은 서비스를 이용하기위해 회원가입을 해야 하기 때문에 그나마 개인정보를 알기가 쉽지만 오프라인 매장은 방문한 고객들의 개인정보를 수집하기는 매우 어렵다. 일부 매장들이 멤버십 카드를 발행하여 적립금을 부여함으로써 재방문을 유도하고는 있지만 이것도 규모가 어느 정도 있는 프랜차이즈 매장이나 점포들만 제공하고 있는 실정이다.

작은 오프라인 점포도 문자참여 이벤트로
현장에서 방문 고객 DB 즉시 확보
지속적으로 이벤트 문자 보내 단골 고객 만들어

만약 작은 점포에서 매장을 방문한 고객들에게 간단히 문자이벤트 참여를 독려하고 현장에서 고객이 참여만 하면 바로 고객의 휴대전화를 수집할 수 있다면 어떨까?

기발한 모바일 마케팅 솔루션으로 스마트폰으로 쉽게 사용할 수 있는 문자서비스로 오프라인 매장의 고객관리를 해결하는 헬프피알 (http://www.helppr.com) 서비스를 소개한다.

헬스피알은 문자 메시지를 이용한 고객관리 시스템으로 특허를 보유한 업체이다.

■ 헬프피알 서비스

오프라인 매장에서 헬프피알 서비스를 이용해 고객들의 휴대폰 정보를 수집하게 되는 과정은 다음과 같다.

- 1단계 : 오프라인 매장에 [#4545] 문자 참여 이벤트를 현수막으로 건다.

■ 오프라인 매장에 #4545 이벤트 참여 공지

- 2단계 : 고객들이 매장에 들렸다가 흥미를 느껴 바로 스마트폰으로 수신자에 #4545를 적고 해당 매장의 이름을 문자 메시지로 보낸다.
- 3단계 : 문자를 보낸 고객의 휴대전화번호가 헬프피알 관리자모드에 접수된다.

이와 같은 매우 간단한 3단계 방식으로 고객정보를 확보할 수 있게 된다. 헬프피알은 유료로 진행되고 있으며 월 3만원의 비용이 든다. 12개월 연단위로 신청을 해야 한다.

헬스피알 서비스를 이용하기 위해서는 먼저 사이트에서 회원가입을 하면 관리자모드가 제공된다. 다양한 이벤트를 설정할 수 있도록 기능이 지원되는데 로또복권을 나눠주는 이벤트 기능도 있다. #4545가 기본이지만 다른 연결 번호를 넣을 수 있어 숫자는 변경가능하다.

■ 헬프피알 관리자모드

참여한 회원들의 연락처가 자동 수집되므로 회원들을 대상으로 전략적으로 문자 이벤트 마케팅을 실시하여 매장을 기억하게 하고 단골고객이 될 수 있도록 인연을 맺어갈 수 있다.

또한 오프라인 자영업의 대표 업종별로 모바일 홈페이지 템플릿이 제공되어 모바일 홈페이지 접속 후 고객들이 문자이벤트를 자동 참여할 수 있도록 이벤트를 올려놓을 수 있다. 이벤트 참여방식이 단순히 문자로 회신하는 방법이기 때문에 고객입장에서도 가장 쉬운 참여방법이 될 수 있겠다.

다음은 매장에서 헬프피알 서비스를 이용하여 마케팅하는 사례이다.

■ 매장 밖과 매장 내 현수막 배치 화면

■ 전단지를 활용하여 홍보하는 음식점 사례들

❷ 050 번호로 전화 접속 + 게임 + 이벤트 제공

이번에는 조금 다른 고객관리 솔루션을 소개한다. 이 또한 모바일로 고객관리를 편하게 할 수 있도록 도와주는 '멀티CRM'이라는 서비스인데 서비스신청 기업마다 부여된 050-0000-0000 형태의 전화번호를 홍보하면 매장 내 방문고객이 해당 번호로 전화를 거는 순간, 게임과 이벤트를 제공하는 등의 재미를 부여하면서 고객 정보를 얻을 수 있는 서비스이다.

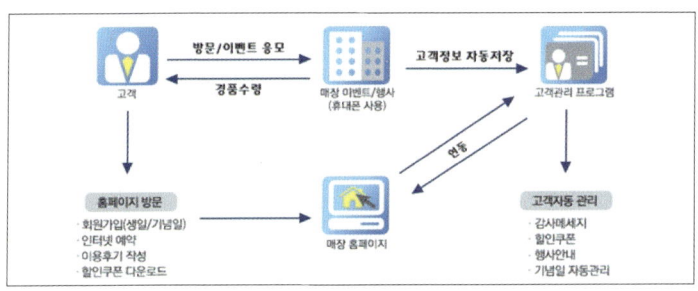

■ 멀티CRM 서비스 개요도

멀티CRM(www.crmauto.kr) 서비스는 처음 가입은 무료이며 서비스 회사에 가입신청서를 작성하면 된다. 차차 고객의 가입수가 늘어나면 이용자가 늘어가는 것이기 때문에 일정 수(가령, 고객수 1000명이상)이상 고객수가 늘어나면 해당 수에 비례해 사용료를 내는 개념으로 진행된다.

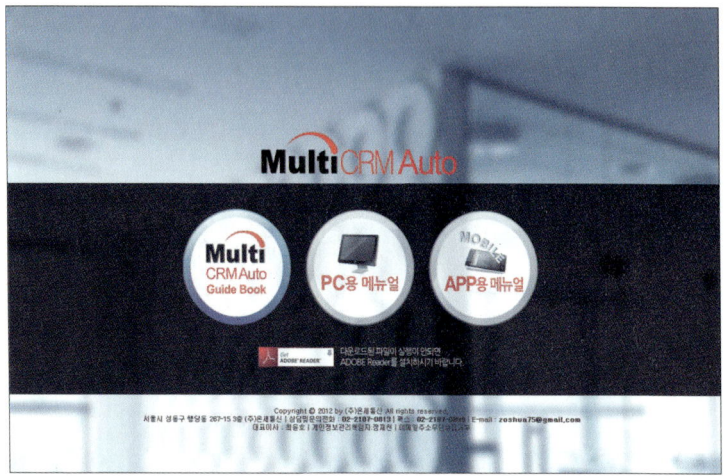

■ 멀티CRM 서비스 안내 페이지화면

사용자의 참여를 유도하기 위해 게임방식을 지원한다는 것이 특징이다. 바로바로 이벤트라고 해서 가위, 바위, 보게임이나 주사위 놀이 게임 등을 지원한다. 또한 매장홍보동영상을 무료로 제작 지원하여 게임진행시 모바일 화면에서 홍보동영상이 플레이되도록 돕는다.
참여한 이벤트 별로 고객 DB는 자동으로 저장, 관리되는데 이는 CRM Auto라는 앱 솔루션에서 가맹점 아이디와 패스워드로 살펴볼 수 있다.

멀티CRM은 가입자에게 모바일 홈페이지를 구축할 수 있도록 일정한 플랫폼을 만들어 간단한 매장 사진과 설명만 넣으면 모바일 홈페이지가 구축될 수 있도록 해준다.

■ 멀티CRM 모바일 홈페이지 구축용 앱 – CRM Auto 솔루션

02 위치기반 모바일 앱으로 고객 관리 & 홍보하기

이번에는 앱 이용만으로 모바일 마케팅을 해볼 수 있는 눈길을 끄는 서비스를 소개하고자 한다. 바로 위치 기반 소셜 마케팅 플랫폼 '씨온' 앱이다. 씨온(www.seeon.kr)은 스마트폰이 가진 고유의 기능, 즉 사용자의 위치를 탐색, 주변 오프라인 매장으로 등록한 곳들의 서비스 쿠폰을 제시해주고 자신이 있는 장소를 친구들에게 보내서 함께 모임을 공유할 수 있으며 자신의 일상을 사진과 함께 스토리로 올려 씨온을 사용하는 여러 주변 친구들을 사귈 수도 있는 앱플랫폼이다.

■ 씨온

이미 씨온 앱은 5만 명이상 다운로드를 받은 인기 앱이다. 씨온은 스마트폰에 저장된 지인들의 연락처를 공유하면서 씨온에서 친구 초대

기능을 통해 서로 자신의 장소로 초대를 할 수도 있다. 그리고 자신이 위치한 주변 장소의 정보를 확인하고 주변 매장에서 제공하는 쿠폰을 받아 사용도 할 수 있는 위치기반 sns 서비스이다.

씨온 앱을 마켓에서 다운로드하고 설치하면 바로 앱을 사용할 수 있게 되는데 먼저 로그인을 해야 한다. 로그인은 페이스북이나 트위터 등의 sns 매체 계정으로 즉시 로그인을 할 수도 있고 개인 이메일로 회원가입을 할 수도 있다.

재미있는 것은 사용자에게 재미를 주기위해 장소에 대한 스토리(사진+글)를 작성하면 포인트 점수를 받게 되고 같은 장소에서 여러 번 스토리를 남기면 해당 장소의 캡틴으로 임명을 받는다. 캡틴이 되면 해당 장소를 이용하고자 하는 이후 사용자들에게 기부 포인트 점수를 받게 되고 당첨도 되는 등 혜택이 주어진다.

■ 씨온 앱 기능 화면

씨온 사용자는 전체 메뉴보기에서 주변 쿠폰을 누르면 자신의 위치에서 가까운 매장들의 쿠폰을 볼 수 있고 친구에게 장소보내기 기능을 이용해 자신의 위치정보를 공유할 수 있다.

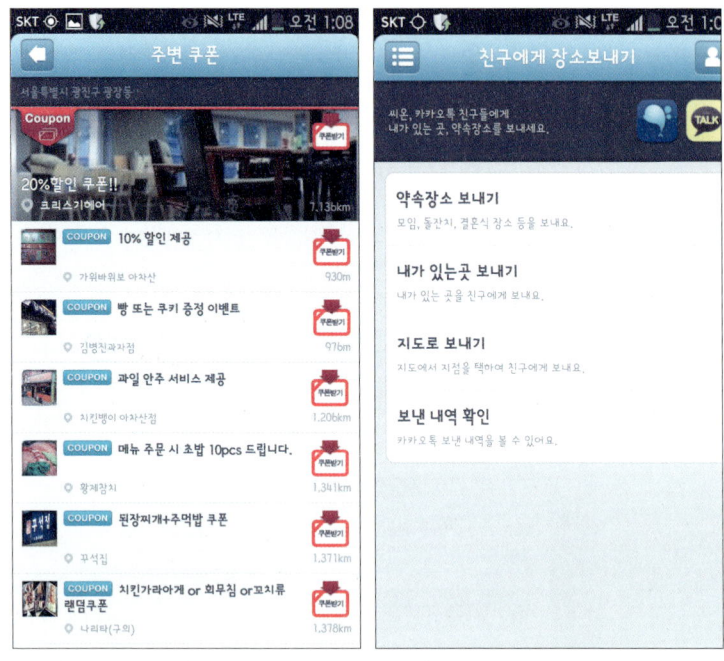

■ 씨온 주변 쿠폰 정보확인 기능　　■ 씨온 친구에게 장소보내기 기능

모바일 마케팅을 하고자 하는 오프라인 매장이 있다면 씨온에 샵을 등록하여 오프라인 매장 방문을 유도 할 수 있는 것이다. 씨온샵은 씨온 MD와 상담을 통해 입점할 수 있고 웹상으로 관리자모드를 통해 매장에 대한 소개와 쿠폰을 등록할 수 있다.

당연히 씨온샵에서는 이벤트 및 쿠폰을 통해 매장에 방문한 고객들을 관리할 수 있게 해줌으로 방문한 고객들에게 다시 한번 매장 방문을 유도하는 메시지를 발송할 수 있다. 방문 고객은 해당 매장의 고객 DB가 되어 수시로 Push 발송 가능하다.

■ 씨온샵 매장 소개 화면   ■ 씨온샵에 다녀간 사람들 확인 기능

CASE Consulting
기발한 모바일 마케팅 솔루션 활용하기 편

만약 오프라인 매장으로 창업한 경우, 매장을 방문한 고객의 정보관리는 어떻게 하고 있을까?

대게의 프랜차이즈 가맹점의 경우는 공통의 회원카드를 발행하여 고객정보를 얻어서 포인트 지급의 방법으로 마케팅을 하고 있다. 그러나 자신의 개인 영업장인 경우에 규모가 작을수록 더욱 고객정보관리는 활발히 전개되지 못하고 있는 듯하다.

특히 음식점이라고 생각해보면, 만약 한번이라도 매장이 방문했던 고객들의 정보를 알 수 있다면 한번 들리고 마는 고객을 다시 재방문을 할 수 있도록 유도하는 다양한 방법들을 시도해볼 수 있을 것이다.

이번 장에서 소개한 기발한 모바일 마케팅 솔루션들은 특히 오프라인 매장을 가지고 있으면서 온라인 마케팅에 시간과 노력을 기울이기 힘든 분들에게 단비같은 서비스일 수 있다. 고객정보를 매우 간단한 방식으로 얻고 관리할 수 있게 도와주는 솔루션들이기 때문이다.

오프라인 매장에서는 이들 솔루션에 가입하고 쿠폰이나 경품 이벤트가 담긴 현수막을 걸기만 하면 된다. 현수막을 보고 매장에 방문한 고객이 휴대폰으로 이벤트에 재미삼아 참여하기만 하면 고객은 현장에서 재미(경품당첨 or 게임)나 혜택을 얻을 수 있고 매장주는 자동으로 고객 휴대폰 정보가 얻어지게 되는 것이다. 얻어진 고객 휴대폰 정보는 DB로 저장되어 다시 이벤트 문자를 보낼 수 있다. 다만, 헬프피알의 서비스는 고객 참여를 #4545라는 문자로 접속하게 하는 방식이고, 멀티 CRM서비스는 050의 전화로 거는 방식의 차이가 있다.

또한 씨온 앱은 휴대폰으로 앱을 다운로드받아 사용하는 고객들에게 GPS기능을 통해 매장 근처에 있는 예비 잠재고객들에게 매장에서 이벤트를 내걸어 우리 가게로 오도록 홍보하는 마케팅을 할 수 있게 해준다.

이들 서비스를 사용하는 업체는 그리 많지는 않지만 기존의 인터넷 사이트 구축을 통한 고객정보 습득이 어려웠던 오프라인 매장주에게는 쉽게 시도해 볼 수 있는 마케팅 툴임은 자명해 보인다.

CASE Story

쭈꾸미 전문점 모바일 홍보

쭈꾸미 전문점을 운영하는 경기도 고양시 쭈꾸미 전문점 "홍스 쭈꾸미 행신점"의 헬프피알 서비스 이용기 인터뷰 사례이다.

Q 모바일 마케팅을 하게 된 계기는?
식당을 운영하다보면 뜨내기 손님보다는 자주 들려주는 단골고객의 필요성을 많이 느낍니다. 자주 오는 고객이라도 연락처도 모르니 인사를 한번 하고 싶어도 할 수도 없고 식당에 한번 와주기만을 기다려야 하는 상태입니다. #4545 서비스를 이용하면 간단히 문자 이벤트를 통해 고객DB를 확보할 수 있고 이를 통해 재방문을 유도할 수 있을 것 같아서 2012년 4월경부터 시작했습니다.

Q 모바일 마케팅은 초보자에게 어떤 방법이라고 여겨지는가?
식당 운영은 매일매일 매우 분주하게 이루어집니다. 인터넷 홈페이지를 만들어보고 싶어도 만들 시간도 없고 만들어도 운영할 시간도 없을 것 같습니다. 그런데 #4545는 컴퓨터 사용능력만 있으면 누구나 가능한 방법이라 선택을 결정하는데 쉬웠습니다.

Q 모바일 마케팅을 하기 전과 이후의 변화가 있다면?
매장에 방문한 고객들의 연락처를 알수 있다는 것이 가장 큰 차이였습니다. 즉, 고객DB를 확보할 수 있었다는 것이죠. 참여한 고객의 연락처는 바로 저장이 되고 저는 관리자모드를 통해 해당 고객들에게 다시 추가 이벤트 참여 문자를 보낼 수도 있습니다.

Q 매장의 모바일 마케팅 이용고객 현황은 어떠한가?
저희 매장에 오는 고객층은 20~40대 주부층입니다. 휴대폰 이벤트 참여도 쉽게 생각해주고 무엇보다 공짜로 경품을 드리기 때문에 참여율이 높습니다. 지금까지 약 1000명 정도가 누적되었습니다.

Q 인터넷 마케팅에 비해 모바일 마케팅의 특징이 있다면 무엇이라고 생각하는가?
아마도 인터넷 홈페이지라도 만들려고 했다면 시간도 꽤 걸리고 비용도 훨씬 더 들어갔을 거라고 생각합니다. 초보자라 관리도 잘 못해 잘못하면 무용지물이 되었을 것도 같구요. 하지만 모바일 마케팅 서비스는 일단 사용이 간편하고 데이터베이스가 제공되기 때문에 여러 가지 마케팅을 더불어 할 수 있는 점이 매력입니다.

Q 귀 매장에서 진행하는 모바일 마케팅 특징이 있다면?
저희는 모바일 회원카드를 기획했습니다. 카드 이용시 포인트를 추가로 계속 적립을 해드렸더니 고객충성도가 높아지는 효과를 보았습니다.

Q 모바일 마케팅의 성공 포인트는 무엇이라고 보는지?
모바일상에서의 마케팅은 인터넷상에서 시스템을 이용해 툴을 만들고 서비스하는 일련의 일들에 비해 좀더 쉽고 간단하게 지속적인 마케팅 도구 개발이 용이하다고 생각됩니다. 그리고 타켓마케팅을 할 수 있는 점도 장점이고 항상 고객이 휴대하고 다니는 모바일 기기에서의 마케팅이라 언제든지 고객과의 커뮤니케이션을 할 수 있는 점이 긍정적이라고 생각합니다.

Q 앞으로의 모바일 마케팅 시장 전망과 모바일 마케팅을 하고자 하는 자영업자, 소상공인들에게 한마디 조언을 한다면?
아마도 스마트폰이 계속 진화하는 한 지속적인 성장이 기대됩니다. 스마트폰 중독을 이야기하듯 이제 생활속에 휴대폰이 없다는 것은 상상할 수가 없으니 앞으로는 더할 것 같습니다.
한번 시작한 모바일 마케팅 채널을 얼마나 지속적으로 유지할 수 있느냐가 관건이고 멈추지 않고 고객과의 커뮤니티를 항상 신경쓰는 창업자의 자세가 중요하다고 생각됩니다.

모바일 쇼핑몰 만들기 6

우선 먼저 모바일로 쇼핑몰을 구축하고자 하는 이들에게 추천할만한 서비스를 찾아보았다. 분명 모바일 시장이 열린 것은 맞지만 아직 시장의 변화보다 기업이 소비자에게 제공하기에 최적화된 모바일 서비스는 아직 생각보다 많지 않은 듯했다. 그만큼 시장의 변화속도가 빨라 기업이 따라가기가 쉽지 않다는 것을 대변해준다. 어찌 보면 그렇기 때문에 하루라도 빨리 비즈니스를 준비해야 하는 것일 것이다.

국내에서 인터넷 쇼핑몰의 역사는 1996년부터 시작되었다고 본다면 지금의 인터넷 쇼핑몰 시장은 성장기를 넘어 성숙기이다. 치열한 경쟁들이 이루어지고 있으며 쇼핑몰간 차이도 적어지고 있기 때문에 브랜드가 중요해지고 있다. 고객과의 접점을 넓히기 위해 이제 어떤 인터넷 쇼핑몰이라도 모바일 쇼핑몰 시장을 앞서나가야 한다.

그렇다면 모바일 쇼핑몰 구축은 어려울까? 비용도 많이들까? 정답은 "아니다." 이다.

구분을 지어본다면 임대형 쇼핑몰 솔루션을 사용하느냐 아니면 독립형 쇼핑몰 솔루션을 사용하느냐에 따라 차이가 난다.

개발자가 없는 상태에서 쇼핑몰을 만든다면 가장 일반적으로 선택하는 것이 임대형 쇼핑몰 솔루션이다. 임대형 쇼핑몰 솔루션 업체들은 쇼핑몰 솔루션 관리를 대행하고 있는 것이기 때문에 이미 모바일 쇼핑몰 기능을 탑재해 제공하고 있다.

기존의 임대형 쇼핑몰 솔루션은 모바일샵 제공서비스가 잘 되어 있어 추가 비용 없이 무료로 모바일 쇼핑몰 오픈이 가능하다.

임대형 쇼핑몰 솔루션을 이용할 경우, 원하는 대로 기능을 변경하거나 구조를 변경하기는 어렵다. 그래서 쇼핑몰의 규모에 따라, 제공하는 서비스를 별도로 제작하고 싶은 경우 소스공개가 되는 독립형 솔루션을 선택한다.

모바일로 쇼핑몰 구축하는 방법도 임대형 솔루션과 독립형 솔루션의 경우로 나누어 각각 특장점이 있는 솔루션을 찾아보았다.

01 임대형 솔루션으로 모바일 쇼핑몰 만들기

임대형 쇼핑몰 솔루션 사는 최근 들어 모바일 쇼핑 구매족이 늘어감에 따라 서둘러 모바일쇼핑몰 기능을 제공하고 있다. 모바일 쇼핑몰을 구축하고 싶을 때 추가 비용 없이 PC상의 쇼핑몰 기능에 모바일 기기에 맞춘 크기별 디자인과 기능을 선택하면 된다. 모바일 결제시에도 카드결제 수수료는 PC상의 쇼핑몰과 동일하다.

인터넷 쇼핑몰 임대형 솔루션으로 많이 사용되는 제품들은 메이크샵, 카페24, 고도몰 등의 솔루션들이며, 이들 솔루션 모두 기본적으로 PC 쇼핑몰을 만들 수 있고 추가적으로 모바일 버전을 제공하고 있다. 즉, PC 쇼핑몰 + 모바일 쇼핑몰을 함께 만들 수 있다.

■ 메이크샵 모바일샵 2.0(http://www.makeshop.co.kr)

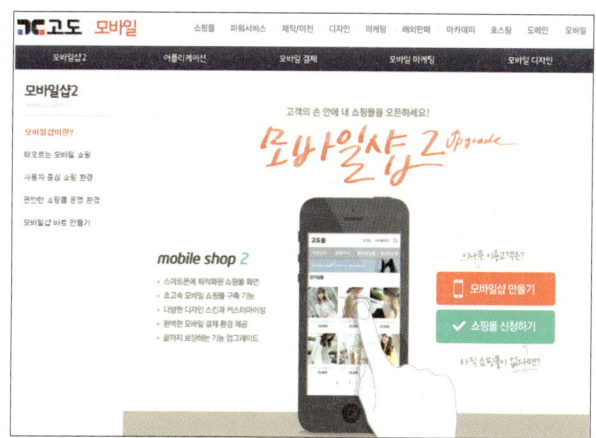

■ 고도몰 모바일샵 2.0(http://www.godo.co.kr)

■ 카페24 모바일샵(http://echosting.cafe24.com)

위 솔루션들은 모바일샵 제작 시 각각 특화된 기능을 제공하기도 하지만 보편적으로 다음과 같은 기능들이 제공되고 있다.

- ∨ 모바일 자동 쇼핑몰 주소 제공 – www.shop.co.kr/m/(메이크샵 기준)
- ∨ 모바일 상단, 하단, 중앙배너 등 자유자재로 디자인 수정
- ∨ 장바구니, 관심 상품, 이벤트코너 등 카테고리 제공
- ∨ 모바일전용 이미지 등록, 모바일 기기별로 가로와 세로보기 확대 지원
- ∨ 소셜매체 자동 연동(페이스북, 카카오톡 등)
- ∨ 모바일 전용 프로모션 지원 – 모바일 그룹쿠폰, 적립금, 모바일 할인 혜택.
- ∨ 모바일용 출석체크 마케팅 기능 지원

이들 솔루션들은 PC 쇼핑몰 디자인과 별개로 모바일샵도 디자인 스킨(만들어진 이미지템플릿)을 제공하며, 이들 스킨은 고객의 목적에 따라 어느 정도 바꿀 수 있도록 지원하고 있다. 노출상품의 선택이나 상품이미지 등은 기존 인터넷 쇼핑몰 PC관리자 모드에서 등록한 상품들이 자동으로 모바일용으로 바뀌져 노출된다.

단, 모바일 기기의 화면이 작기 때문에 상점 로고와 메인 배너 이미지 사이즈를 모바일기기에 맞춰 제작, 등록해야 한다는 점이 다를 뿐이다. 사례를 보면 쇼핑몰마다 모바일 버전의 메인화면 구조도 상당히 다르다는 것을 알 수 있다. 난닝구 샵의 경우 메인 메뉴로 카테고리, 상품검색, 이벤트, 전체보기와 같은 메뉴를 보이고 있고 세일, 독점 상품 등의 카테고리는 첫 화면에서 볼 수 있도록 시각적으로 빼놓았다. 의류 몰의 경우, 상품의 이미지가 상당히 많은 편인데도 상품을 보는 데 모바일 화면 안에서지만 답답하다는 느낌은 별로 느끼지 못했다. 상품별로 클릭했을 때 자세히보기 기능을 두어 상세설명도 볼 수 있게 링크가 설정되어 있고 카드결제 기능도 PC상의 기능과 동일하게 연결되어 있다. 소셜매체들과 연결해 정보퍼가기가 가능하게 지원되어 홍보에 효과를 누릴 수 있게 지원한다.

■ 메이크샵으로 만들어진 난닝구 모바일샵

난닝구샵이 변화를 추구한 모바일샵 디자인이라면 조아맘의 경우는 본래의 템플릿 구조를 활용한 심플한 구조이다.

메인 카테고리 메뉴로 로그인, 마이페이지, 장바구니, 관심 상품 등 본래의 기능에 충실하다. 개발 상품을 클릭했을 때 연관상품들을 함께 구매될 수 있도록 출력되며 메인화면 하단에 구매하기, 장바구니, 관심상품 등의 주요 기능이 따라 붙는 형태로 제작되어 있다.

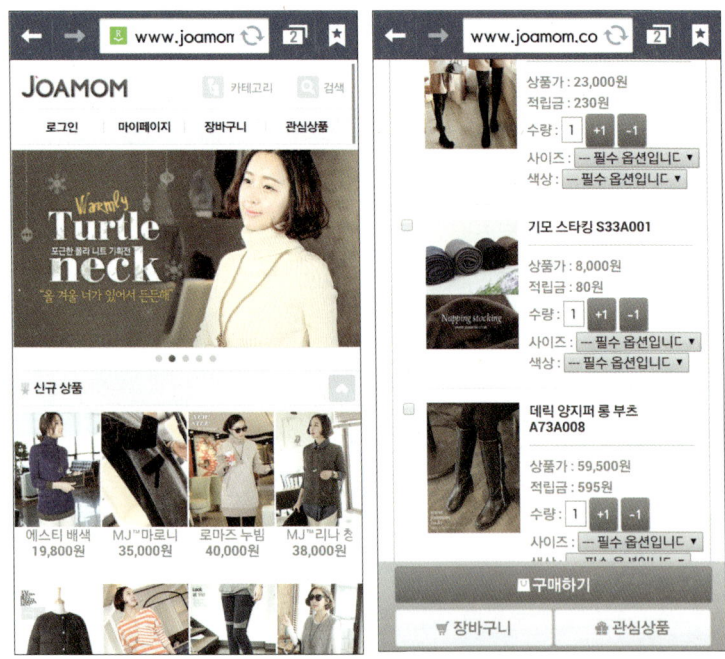

■ 메이크샵으로 만든 조아맘 모바일샵

고도몰의 관리자모드에서도 모바일샵 기능이 동일하게 탑재되어 있다. 모바일샵을 이용할 것인지를 선택하고 상품 중에서 모바일샵에 노출하고자 하는 상품을 따로 선택하는 과정이 있다. SNS매체와 연동가능하며 할인쿠폰도 제공할 수 있다. 모바일샵 디자인 스킨 선택과 모바일 메인배너와 로고를 별도로 제작하여 올리기만 하면 완성된다.

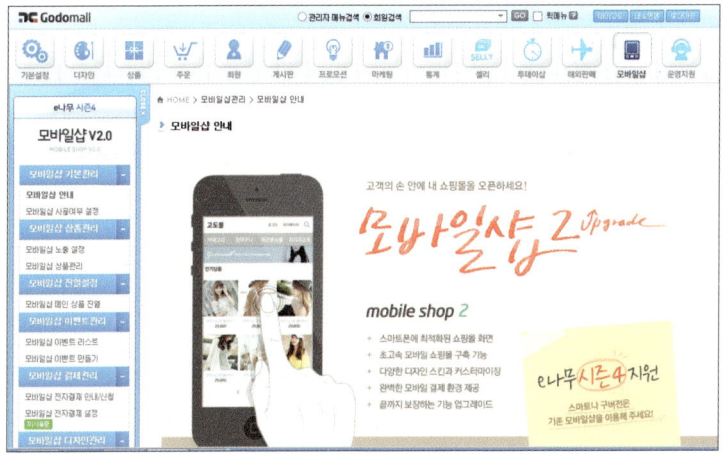
■ 고도몰 모바일샵 관리자 메인 화면

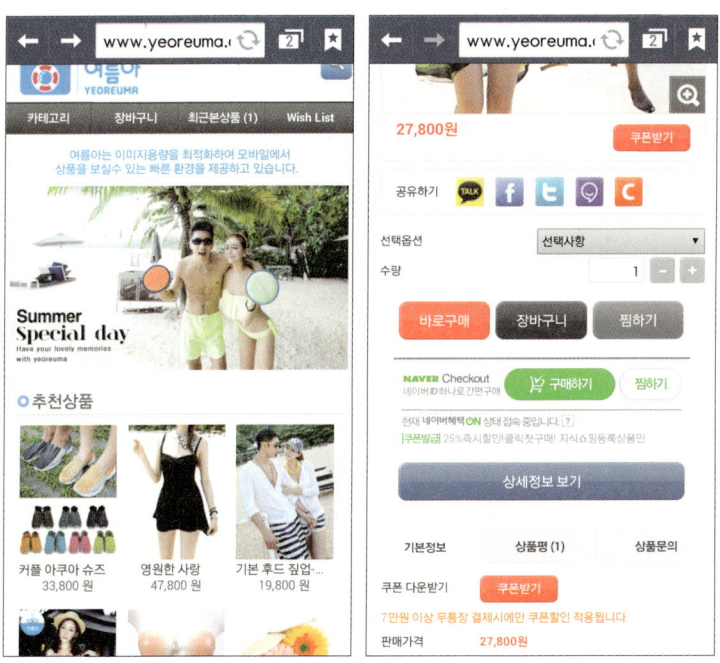
■ 고도몰 솔루션 모바일버전으로 만든 여름아 모바일샵

모바일 쇼핑몰운영이 더 특별하게 여겨지는 것은 모바일 쇼핑몰관리를 스마트폰으로 할 수 있도록 지원을 한다는 점이다.

소비자 입장에서도 모바일은 이동하면서 바로바로 업무를 처리하고 쇼핑도 할 수 있다는 점이 매우 좋지만 쇼핑몰 관리자 입장에서도 항상 PC에서만 주문확인 및 배송처리를 하는 것이 아니라 스마트폰상에서 얼마든지 상품등록, 고객문의응대, 배송처리 등이 가능하니 매우 편리한 환경이 된 것이다.

고도몰의 경우는 모바일 관리자 앱을 지원한다. 관리자 앱을 설치하면 스마트폰 카메라로 상품을 촬영한 후 간단한 설명을 넣고 바로 쇼핑몰에 올릴 수 있게 되며 송장번호도 입력을 해야 한다면 바코드 번호를 사진 찍어 자동 등록되는 기능도 지원한다. 또한 주문이 발생하면 자동으로 알림메시지가 뜨고 고객 문의, 게시판 답글달기, 매출통계 기능 등 대부분의 PC관리자 모드 기능이 지원된다.

■ 고도 모바일 관리자 앱

카페24 솔루션의 경우도 스마트폰으로 쇼핑몰관리자 기능을 이용할 수 있도록 지원을 하고 있는데 앱의 형태가 아닌 모바일 웹페이지를 지원하는 형태이다.

모바일 쇼핑몰 제작은 카페24EC호스팅(http://eclogin.cafe24.com/Shop/)의 쇼핑몰센터(모바일 웹브라우저에서는 m.ec.cafe24.com)에 로그인 후 관리자모드 상단의 '모바일쇼핑몰' 메뉴를 클릭하여 디자인 및 기능 설정 등 모바일 쇼핑몰을 운영 관리할 수 있다. 모바일 쇼핑몰 디자인은 무료와 유료 디자인을 제공합니다. 무료 디자인은 아무런 제약 없이 사용할 수 있고, 유료 디자인은 카페24 디자인센터를 통해서 디자인을 미비 확인한 후 구매할 수 있다.

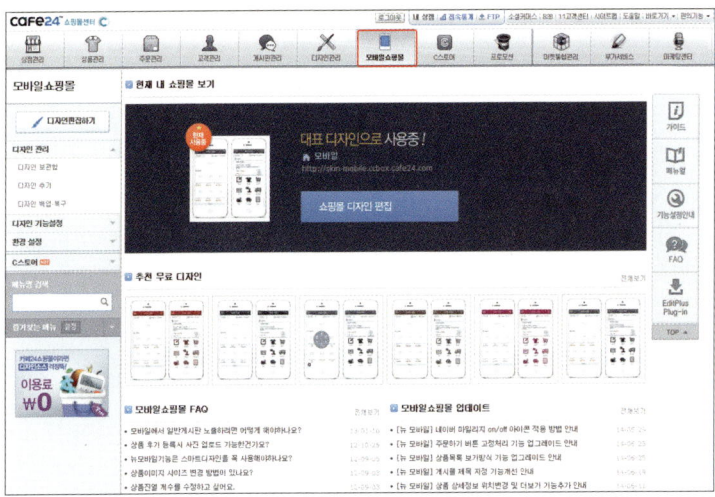

■ 카페24 EC호스팅 쇼핑몰 센터의 모바일샵 관리자 메인화면

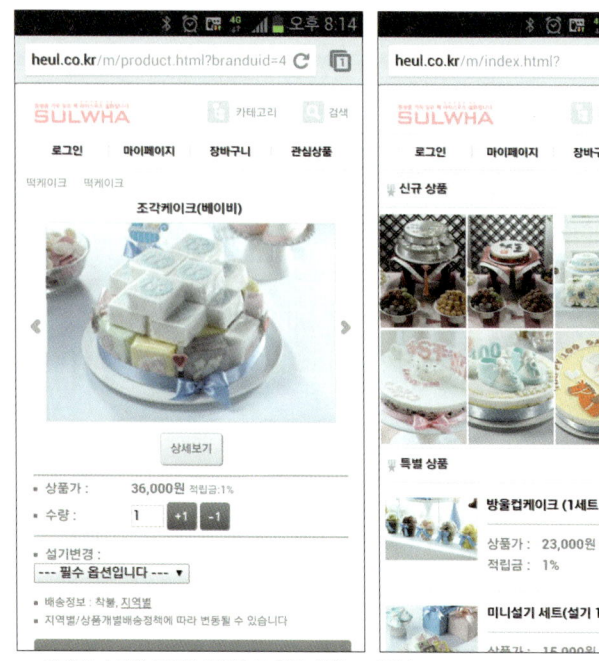

■ 카페24 솔루션 모바일 버전으로 만든 설화 모바일샵

카페24 솔루션은 C스토어라는 다양한 어플리케이션을 제공하는 마켓을 통해 모바일 배너만들기, 모바일 설문조사, SNS, 모바일 페이지 무한 스크롤 등 유용한 기능을 손쉽게 모바일 샵에 적용할 수 있는 서비스를 제공한다.

Tip 임대형 쇼핑몰 솔루션 3사의 모바일샵 차이점

- 메이크샵 : 솔루션 기능이 가장 다양하고 지원이 많다는 것이 강점이 있다. 다만 솔루션 사용료가 월 55,000원이라는 비용이 발생한다.
- 고도몰 : 일반적인 쇼핑몰 운영기능은 빠지지 않고 제공하면서 초보자에게 인터페이스가 쉽다는 장점이 있다. 카드수수료가 3.4%로 업계 최저라는 장점이 있다.
- 카페24 : 임대형 솔루션임에도 불구하고 임대사용료를 매월 내지 않는 무료라는 장점이 있어 초보자들이 부담없이 만들어볼 수 있다. 스마트디자인 기능이 제공되어 HTML 정도만 알면 손쉽게 모바일 쇼핑몰을 만들 수 있다.

02 독립형 솔루션으로 모바일 쇼핑몰 만들기

이제 독립형 쇼핑몰솔루션을 가지고 모바일 쇼핑몰을 함께 운영하고자 할 경우에 사용해볼만한 서비스는 어떤 것이 있을까?

독립형 솔루션의 장점은 사이트 구조변경이 자유롭다는 점

독립형 솔루션을 사용하는 경우는 자체 기업의 고유기능을 개발해야 한다거나 주기적으로 솔루션을 맞춤형으로 업그레이드를 하고자할 때 소스공개 및 수정이 가능하기 때문에 선택을 한다. 하지만 개발자가 없는 환경에서는 프로그램 관리측면에서 임대형 솔루션 사용이 편의성면에서 높을 수 있다.

독립형 솔루션을 사용하면 카드수수료 낮아질 수 있고
연간 호스팅비용은 20,000원 정도면 가능
단, 솔루션 구입비 30~50만 원 정도가 들 수 있다.

저자의 경우는 현재 매월 임대료를 내는 임대형 솔루션을 사용하는 대신에 쇼핑몰 솔루션을 구입하는 독립형 솔루션을 사용하고 있다. 일률적인 카드수수료 체계와 매월 지불하는 관리비 등이 독립형을 쓰게 된 이유이다. 하지만 임대형도 무료가 있으므로 관리비 비용은 창업자의 선택이다.

카드수수료에 대한 부분은 솔루션 업체를 통하면 대부분 3.5% 정도가 일반적인 수수료율인데 PG사를 독립형으로 사용할 경우 3%대 초반으로 낮아질 수도 있으므로 장점이 될 수 있다. 하지만 독립형 솔루션의 경우, 임대형 솔루션에 비해 상대적으로 초기 투자비용이 많이 발생한다. 독립형 솔루션은 대체적으로 30~50만 원대의 구입비용이 소요된다.

독립형 솔루션을 이용하여 쇼핑몰을 제작 & 운영하고자 한다면, 독립형 솔루션을 선택하고 호스팅업체를 별개로 선택해야 한다. 쇼핑몰 오픈 후 방문자수가 많아 트래픽 증가가 필요하지 않다면 대부분의 호스팅 비용은 연 20,000원 정도면 가능하다.

Tip

호스팅이란?

호스팅이란 쇼핑몰이 24시간 웹상에서 제대로 떠있을 수 있도록 네트워크 공간을 빌려주는 서비스를 말한다. 즉 쇼핑몰 제작 후 데이터들은 어느 공간에 올려두어야 하는데, 그 공간을 서비스해주는 회사를 같은 호스팅업체라 하고, 우리는 호스팅업체에게 일정 비용을 지불하고 그 공간을 사용하는 것이다.

독립형 솔루션 유지 및 보수하기

독립형 솔루션을 사용하여 온라인 사이트를 운영하는 경우 온라인 시장의 흐름에 맞추어 새로운 기능을 온라인 사이트에 적용하고 싶은데 개발자 직원이 없거나 개발을 의뢰하고 싶은데 개발 비용이 부담되는 경우 등은 애로 사항일 것이다.

저자의 경우, 현재 운영하고 있는 아침에 과일 쇼핑몰은 2007년도에 오픈하였는데 그 시기에 사용했던 독립형 솔루션은 모바일 버전 기능이 없었다. 모바일 쇼핑몰을 오픈하고 싶었기 때문에 새로운 제품을 찾아보게 되었다.

최종 선택한 솔루션은 홈페이지요리사의 홈요솔루션(http://www.sitecook.kr)이다. 이름에서도 알 수 있듯이 원래 이 솔루션은 쇼핑몰 전문 솔루션이라기보다 홈페이지 전문 관리 솔루션이라고 볼 수 있다. 물론 쇼핑몰버전의 기능이 있고 모바일 최적화서비스도 제공하지만 일반적으로 결제가 이루어지는 상거래 시스템지원보다 정보를 제공하고 대량의 회원관리를 할 수 있게 해주는 부분에 특화된 솔루션으로 볼 수 있다. 카드결제 PG사로 현재는 LG U+만 제휴 되어 있다.

그럼에도 불구하고 독립형 솔루션을 사용하면서 가장 큰 애로사항이었던 유지보수 면에서 주기적인 교육을 통해 솔루션기능을 설명해주고 사용자의 니즈에 맞춰 기능을 수시로 업데이트해주는 점 등 관리를 해준다는 면에서 긍정적이었다.

특히 홈페이지나 쇼핑몰을 운영하다보면 추가로 게시판을 생성하고 디자인 구조를 변경하는 일들이 주기적으로 발생한다. 즉, 고객이 늘어감에 따라 새로운 서비스 기획을 하게 되기 때문인데 홈요솔루션의 경우, 디자인 구조면에서 게시판의 위치 변경, 레이아웃의 변경 등 구성요소를 모두 바꾸는 경우에 소위 잘라내기, 붙이기 정도의 작업으로 변경이 용이하다는 점이 가장 크게 느껴진 장점이었다.

물론 세세하게 기능을 알고 사이트에 이를 적용하려면 꽤 많은 노력이 필요하겠지만 기능을 익히면 운영하면서 프로그램 관리와 디자인 구조변경 면에서 추가 비용 없이 운영해볼 수 있을 것으로 생각되었다. 이에 본 저자가 운영중인 과일 쇼핑몰을 홈요솔루션(http://www.sitecook.kr)을 통해 과일 쇼핑몰 리뉴얼과 모바일 쇼핑몰을 만들어 보기로 하였다.

■ 홈페이지 최적화 & 모바일샵 툴

기초적으로 초기 절차는 다음과 같다.

웹호스팅신청 ➡ 홈요솔루션신청 ➡ 레이아웃 구성 설계도 작성 ➡ 쇼핑몰 템플릿 구매

먼저, 홈요솔루션이 독립형이기 때문에 호스팅을 구축해야 했다. 카페24를 통해 웹호스팅을 신청하였다. 일반적으로 10G 광아우토반 Full SSD 상품을 선택하면 된다고 안내를 받고 일반형을 선택하였다.

■ 카페24 웹호스팅 신청하기

그런 다음, 홈페이지에 들어가 고객센터-솔루션신청 메뉴에서 신청란에 호스팅정보를 알려주어 홈요솔루션이 세팅되도록 신청을 해야 한다.

■ 홈요솔루션 신청하기

이제 임시로 작업할 수 있는 주소(prohwang.cafe24.com)가 생겼다. 쇼핑몰을 리뉴얼하는 것이기 때문에 레이아웃을 어떻게 구성할 것인가가 고민이 되었다. 우선 상단 - 중앙 - 좌측 - 하단으로 구성을 나누어 각각 어떤 메뉴가 필요하고 어떤 이미지제작을 할 것인지에 대해 그림을 여러 번 그려보았다.

그 다음, 홈요솔루션에서 제공하는 쇼핑몰분야 템플릿을 찾아보았다. 아무래도 처음 구성부터 헤매는 것보다 이미 전문가가 구성해놓은 틀에서 약간의 변형을 하는 것이 손쉽기 때문이다. 분야별 홈페이지 메뉴에서 [쇼핑몰]을 선택하면 20여종의 템플릿이 제공되고 있다. 템플릿을 선택하면서 쇼핑몰을 구입하고 세팅을 완료하였다.

■ 홈요솔루션의 쇼핑몰템플릿 선택하기

홈요솔루션을 이용하면서 특이했던 점은 관리자모드가 실제 보이는 화면 하단에 기능이 나타나며 보고 있는 페이지를 수정하려면 하단 기능에서 페이지편집 기능을 눌러 진행한다는 점이었다.
구축을 준비해야하는 사이트 주소인 prohwang.cafe24.com으로 접속하니 선택해놓은 쇼핑몰 템플릿이 세팅되어 있다. 해당 사이트에서 회원가입을 통해 로그인을 하면 바로 관리자모드로 접속할 수 있는 창이 사이트 하단부분에 생기게 된다.

■ 쇼핑몰 템플릿 화면에서 관리자모드 들어가기

좀 더 자세히 관리자 모드 기능을 확대해보면 다음과 같다.

■ 홈요 관리자모드 기능

쇼핑몰 템플릿에서 아침에 과일 쇼핑몰로 메인화면 구조를 변경하기 위해서는 메인화면을 들어간 후 하단의 기능에서 페이지편집을 누르면 해당 페이지를 편집할 수 있게 창이 열리는 구조이다. 아래 그림과 같은 창이 열리는데 이것이 바로 관리자 페이지이다.

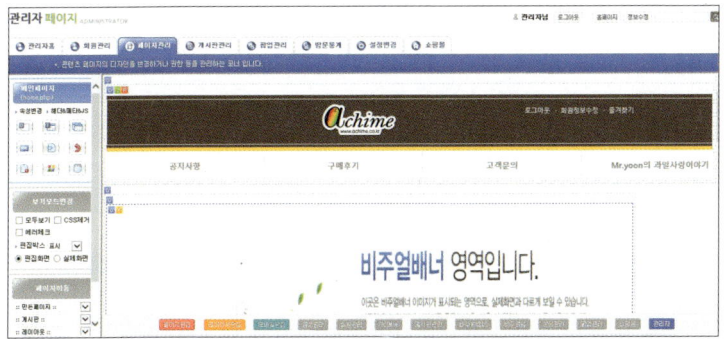

■ 홈요 관리자모드 화면

Chapter 02_ 소상공인 모바일 비즈니스 활용하기 **163**

홈요에서는 사이트맵을 구성하면서 엑셀로 메뉴명을 정리해놓은 후 일괄등록 기능을 이용하면 사이트에 들어가야 할 메뉴들이 한 번에 등록되는 기능이 제공되고 있다. 다음은 아침에 과일 쇼핑몰에 넣고자 하는 메뉴를 상단부터 하단까지 엑셀에 적어보고 게시판의 유형을 정의한 내용이다.

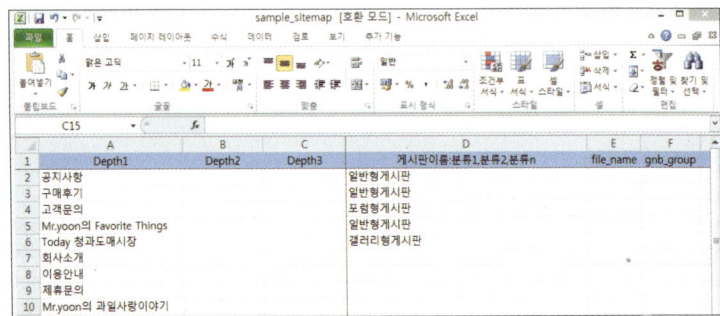

■ 아침에 과일 사이트맵 구성화면

그 다음, 관리자모드 화면에서 [PC화면]을 누르면 [페이지관리]가 나오고 좌측 메뉴 중 [전체 페이지]를 누르면 메뉴 중 [사이트맵변환] 이라는 기능이 나온다. 이곳에 엑셀 파일을 업로드하면 사이트 메뉴들이 한 번에 들어가는 것이다. 물론 메뉴 순서도 변경할 수 있다.

■ 페이지관리 - 사이트맵 변환 기능 이용화면

다음으로 메인화면을 완성하기위해 앞서 들어갔던 쇼핑몰 템틀릿화면에서 페이지편집 메뉴를 눌러 헤더와 푸터 디자인을 변경하였고 이에 서브레이아웃을 변경하는 작업 순으로 사이트 디자인을 병경하였다. 서브디자인을 변경하는 경우도 어렵지는 않다. 이미 만들어져 있는 템플릿의 형태에서 특정 서브페이지의 레이아웃을 다른 디자인 구조로 변경하고자 하는 경우에 홈요에서 제공하고 있는 홈요 서브 레이아웃 디자인으로 특정 페이지만 별도로 선택, 변경할 수 있기 때문이다. 변경하고자 하는 서브페이지에서 페이지편집을 누르고 위상단의 속성 버튼을 통해 원하는 서브디자인 레이아웃을 정하면 된다.

다음 그림은 아침에 과일 쇼핑몰에서 Mr.Yoon의 과일사랑이야기라는 컨텐츠 코너를 구성하기 위해 서브페이지의 레이아웃을 변경해야 했기에 해당 페이지에서 페이지편집을 누른 상태의 화면이다. 그 다음 좌측 상단 메뉴 중 [속성변경]을 눌러야 한다.

■ Mr.Yoon의 과일사랑이야기 페이지 편집 – 좌측 상단의 [속성변경] 확인

다음 그림과 같은 메뉴창이 나오면 서브레이아웃을 변경할 때 복사를 체크하고 템플릿으로 설정 후 살펴보면 회사소개페이지, 헤더, 푸터 구조 등 홈요가 제공하는 많은 템플릿의 각각 페이지별 구조를 그 부분만 빼내어 복사할 수 있다는 의미인 것이다.

만들고자 하는 사이트의 형태와 유사한 서브레이아웃을 정하고 디자인 구조를 약간만 수정하면 되는 것이다.

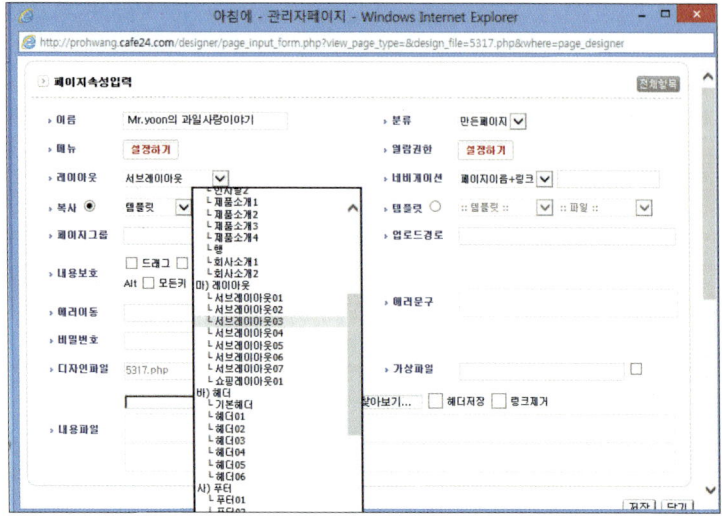
■ 쇼핑몰 – 상품관리 기능 이용화면

구축하고자 하는 것은 쇼핑몰이기 때문에 상품등록은 별도로 이루어져야한다. 관리자기능 중 쇼핑몰 메뉴를 눌러 상품등록 버튼을 통해 등록을 하면 된다.

■ 쇼핑몰 – 상품관리 기능 이용화면

홈요솔루션을 선택한 이유로 사이트를 오픈한 이후 유지 및 보수가 용이하다는 점을 장점으로 꼽았는데 그것은 디자인 구조를 바꾸는 것이 기능만 이해한다면 변경이 용이할 것으로 보였기 때문이다. 이 부분을 조금 더 이해를 위해 설명한다면 홈요의 DIV 구조를 이해해야 한다. 홈요의 DIV 기본구조는 다음 그림과 같이 행-열-콘텐츠의 순서로 구성 되어있다.

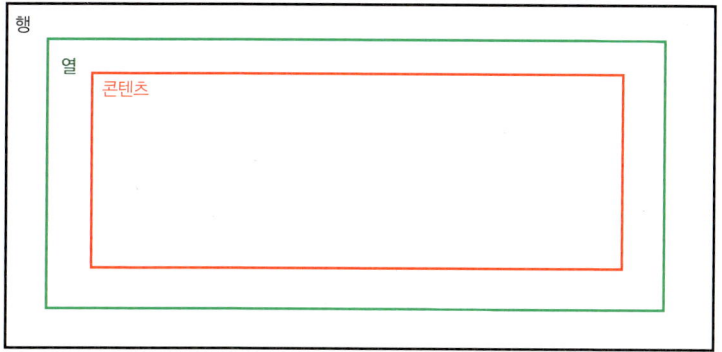

■ 홈요의 DIV 개념구조

위 그림에서 보듯이 페이지편집 창에서 화면에 나타나는 웹상의 모든 구조(이미지, 게시판, 콘텐츠 등)은 DIV라는 구조로 이루어져있으며, 이는 행-열-콘텐츠에 대한 것으로 색으로 구분되어 보이고 있다.

행은 검은색, 열은 녹색, 콘텐츠는 빨간색이다. 실제 관리자 모드에서 아침에 과일 쇼핑몰의 메인화면을 통해 이 DIV를 확인해보면 다음과 같다. 같은 위치 즉, 메인좌측 로그인 창부분의 DIV구조를 캡처한 것이다.

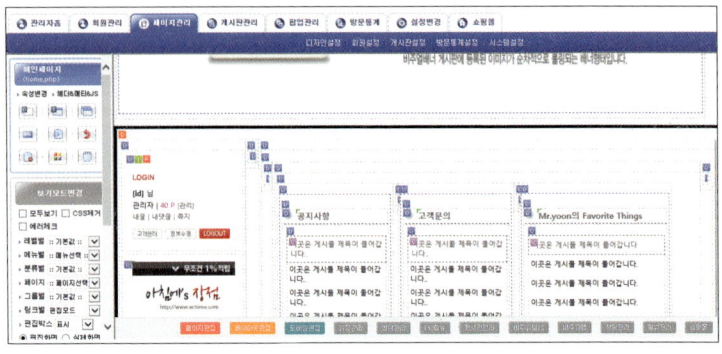

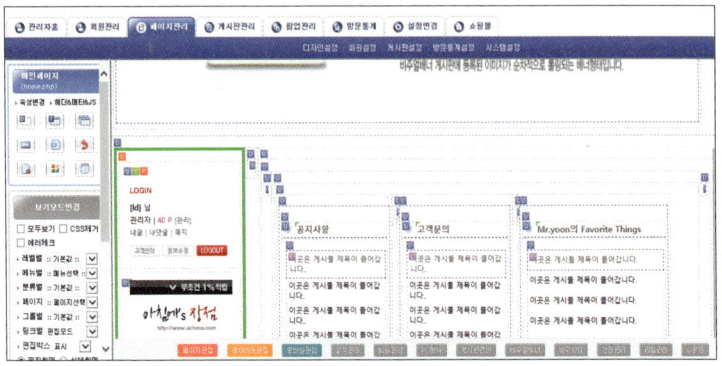

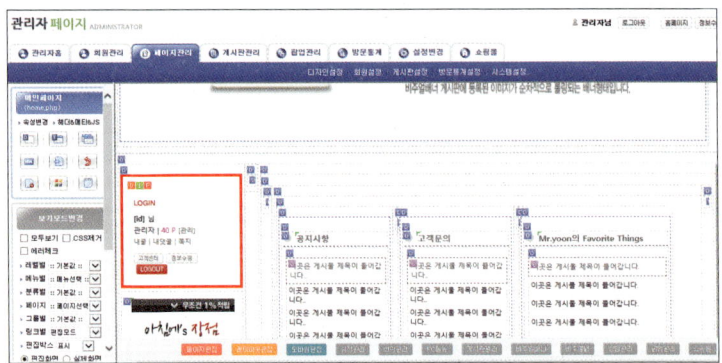

사이트 내에 있는 어떤 행이나 열이나 콘텐츠도 박스개념으로 덮어져있고, 그 어떤 구조도 행 → 행 위치로, 열 → 열 위치로, 같은 라인 위치라면 위, 아래, 왼쪽, 오른쪽 위치 이동이 자유롭다는 것이다.

만약 메인화면의 로그인 창과 그 밑에 있는 아침에 장점이라고 적힌 이미지배너 위치를 바꾼다고 가정하면 다음과 같은 과정만 진행하면 된다.

01 이동하고자 하는 로그인창에 마우스를 가져다 대면 빨간색의 콘텐츠박스가 나타난다. 이 창의 D를 누른다.

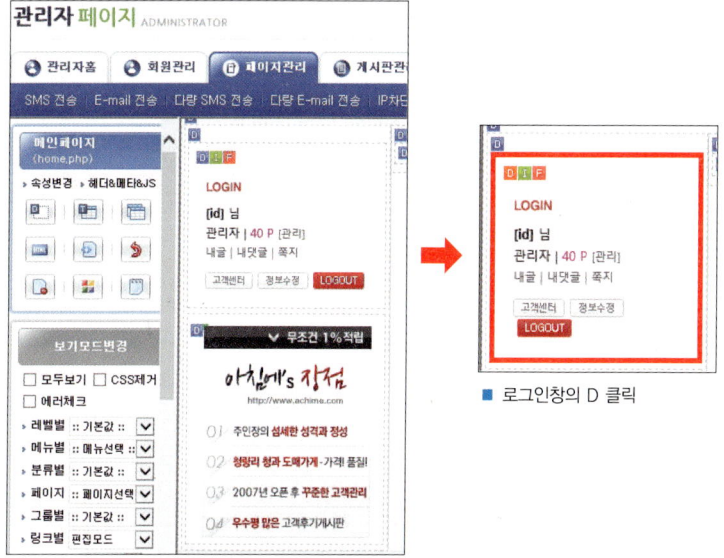

■ 아침에 쇼핑몰 메인좌측 구조

■ 로그인창의 D 클릭

02 DIV 편집메뉴에서 잘라내기를 누른다.

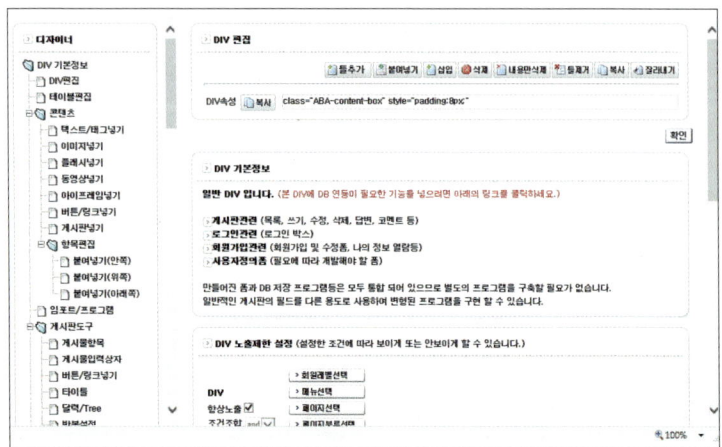

■ 로그인창의 D 클릭 후 DIV 편집메뉴에서 잘라내기 클릭

03 다음 '아침에 장점' 배너이미지의 빨간색 콘텐츠박스 표시의 D를 누른다.

■ 아침에 장점 배너박스의 D 클릭

04 DIV 편집메뉴에서 붙여넣기를 선택한 후 아래쪽에 체크를 한다.

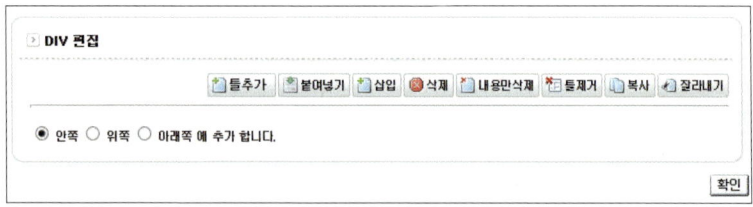

■ 아침에 장점 배너박스의 D 클릭 후 DIV 편집메뉴에서 붙여넣기 – 아래쪽 클릭

05 로그인창과 아침에 장점 배너위치가 다음 그림과 같이 변경된다.

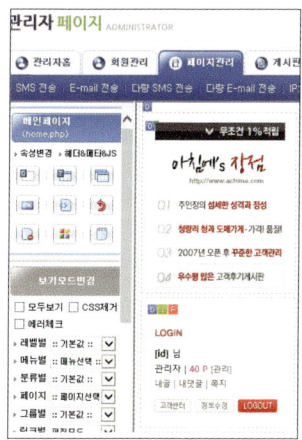

■ 최종 아래위 위치가 바뀐 화면

지금은 이미지형태의 위치를 바꾼 것이지만 게시판도 얼마든지 잘라 내고 붙이는 행위만으로 위치 이동이 자유로웠다. 사이트내의 구조가 쉽게 클릭 몇 번으로 위치이동이 가능하다는 점에 있어서는 매우 좋은 장점으로 보였다. 다만 해당 기능을 이해하고 잘 사용하려면 솔루션 기능 이해하는데 일정 노력이 필요할 것 같다. 본 설명은 홈요솔루션 커뮤니티센터(http://sitecook.kr/ab-40926~56)에서도 동영상으로도 설명되어 있으니 참고를 하길 바란다.

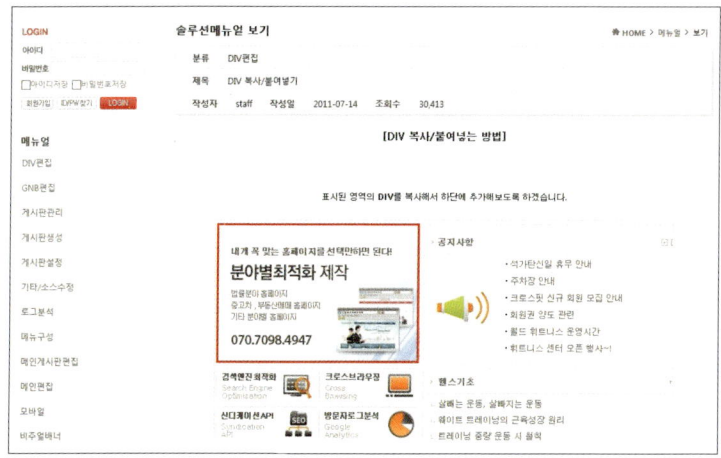

■ 홈요의 솔루션매뉴얼 보기 화면

Chapter 02_ 모바일 비즈니스 활용하기   **171**

필자는 이렇게 PC상의 인터넷 쇼핑몰 리뉴얼을 마쳤고 모바일 쇼핑몰 오픈을 위해서 진행한 작업은 다음과 같다.

관리자 메뉴에서 모바일 편집을 누르면 페이지 관리화면으로 넘어가는데 화면에서 분류 쪽의 메뉴를 보면 [모바일] 표시가 되어있다. 바로 모바일상의 페이지라는 의미이다.

■ 모바일편집-페이지관리 화면

이 화면에서 모바일 메인화면의 상단(헤더)과 하단(푸터)에 표시되는 각각 설명들로 변경한 후 [모바일 홈] 페이지를 눌러 모바일 메인 이미지를 다시 세팅하는 등의 작업을 하고 모바일로 상품을 불러오는 세팅작업을 통해서 완성하였다.

홈요솔루션을 사용해보면서 아쉬웠던 점은 결제PG사가 한 곳밖에 없어서 이미 사용하고 있는 PG사가 아니었기 때문에 모바일 쇼핑몰은 만들었지만 모바일 상에서의 결제는 연결이 안되었다. 저자의 특수한 상황이었기에 어쩔 수 없었지만 아쉬움이 남았다.

독립형 솔루션을 이용해 어떤 쇼핑몰이나 사이트를 만든다는 것은 임대형 솔루션으로 쇼핑몰 버전을 오픈하는 것에 비해 기술적으로 더 많이 알아야 한다는 게 숙제라고 생각된다. 위 솔루션을 사용하기 위해서는 여러 번의 교육과 온라인상으로 제공되고 있는 매뉴얼을 열심히 보고 숙지를 해야 한다. 하지만 많은 노력 끝에 기능을 익히게 된다면 어떤 홈페이지나 쇼핑몰 구축도 자신감이 많이 붙을 것으로 생각된다.

03 무료 모바일 쇼핑몰 만들기

만약, 모바일 쇼핑몰을 구축하고 싶은데 기존 PC상의 쇼핑몰 구축방법이었던 임대형과 독립형 솔루션의 선택을 통한 모바일 쇼핑몰 구축이 아닌 순수하게 모바일 쇼핑몰만을 구축하고자 할 때 이용할 수 있는 방법이 있다.

메이크샵의 마이소호 솔루션으로 모바일샵 무료 오픈 가능
쇼핑몰인데 웹진스타일로 페이지 작업
단, 상품 등록수 50개미만 가능

메이크샵에서 야심차게 내놓은 새로운 모바일샵 솔루션인 마이소호가 있다. 마이호소(mysoho.com)는 무료로 사용한다는 점이 가장 좋다. 메이크샵은 임대형 솔루션을 제공하기 때문에 임대형 솔루션을 월 사용료를 내고 사용하는 쇼핑몰에게는 모바일 버전이 무료로 제공되었다.
반면 메이크샵의 마이소호 솔루션은 메이크샵 임대형 쇼핑몰 솔루션 사용여부와는 상관없이 쇼핑몰 사업자라면 누구나 이용할 수 있는 모바일샵 전용 솔루션이다.

마이소호(mysoho.com)는 저자와 같이 독립형으로, 혹은 타사의 솔루션으로 인터넷 쇼핑몰을 운영하고 있는 사업자도 모바일 쇼핑몰 구축만은 메이크샵의 마이소호 솔루션으로 무료로 구축해볼 수 있는 것이다.

■ 마이소호

방식은 마이소호역시 PC관리자와 모바일 앱을 통해 구축하는 것이다. 단, 페이지등록(상품페이지 포함)이 최대 50개까지만 허용된다는 점이 제한점이다. 특이한 것은 마이소호는 쇼핑몰 스타일의 화면구조라기보다는 카달로그 방식의 웹진같은 느낌의 상품 인터페이스를 제공한다는 점이다. 디자인성이 강한 상품이라면 더욱 잘 어울릴 것으로 보인다.

메이크샵에서는 마이소호가 카카오스토리와 같이 개인들이 자신의 인맥을 대상으로 중고거래부터 조그만 상거래를 해볼 수 있는 측면에서 인기가 있을 것이라고 생각하고 있다. 다음은 마이소호 페이지

레이아웃과 마이소호로 만들어진 모바일 쇼핑몰 사례이다. 다양한 컬러의 쇼핑몰 템플릿과 페이지 템플릿을 잘 활용하면 스타일리쉬한 쇼핑몰을 만들 수 있다.

■ 마이소호 페이지 레이아웃   ■ 마이소호로 만들어진 러브펫미니샵(www.luvpet.com)

다만 결제부분에 있어서 앞서 소개한 홈요솔루션과 같이 LG U+만 PG사로 신청가능하며 결제 PG의 수수료는 기존 메이크샵의 수수료인 3.5%를 따라야 한다. 관계자의 말을 빌렸을 때 모바일결제분야에서 가장 수월하게 프로그램 상으로 개발하기 용이하게 해놓은 PG사가 LG U+란 얘기를 들었는데 아마도 모바일 시장이 커져가면 PG서비스적인 부분은 차츰 나아질 것으로 보인다.

그리고 본 저저처럼 상품등록수가 50개 내외인 경우만 이용 가능하다는 게 한계이다.

	마이소호	메이크샵 모바일샵
타입	모바일샵 전용, 모바일 간단샵	메이크샵 쇼핑몰 신청시 자동구축
관리자	PC/모바일 관리자 시스템	PC 관리자 시스템
인터페이스	PC 관리자 시스템	쇼핑몰 스타일
개별디자인	× (탬플릿 기반)	O
상품수	50개	무제한
서비스 요금	무료	메이크샵 프리미엄 신청시 무료

■ 마이소호와 메이크샵 모바일샵의 차이

사용은 간단하다. 마이소호 사이트(mysoho.com)에 접속한 후 '회원가입' 메뉴를 클릭하여 회원가입을 한다. 그 다음 로그인을 하면 PC 버전의 관리자모드를 사용할 수 있게 된다.

■ 마이소호 회원가입하기

마이소호 관리자모드를 살펴보면 일반적으로 제공하는 쇼핑몰 구축과 운영 관련된 기본 정보를 입력하는 것이나, 주문, 회원관리를 하는 기능 등은 PC상의 기능과 유사하다.

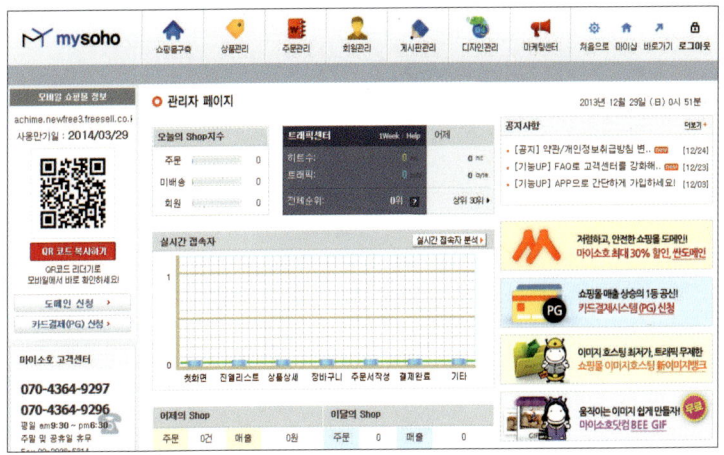

■ 마이소호 관리자모드

다만 앞서 설명한 마이소호는 상품진열방식이 쇼핑몰과 같은 구조이기보다는 카탈로그 혹은 웹진과 같은 인터페이스를 지원한다고 했는데, 아래와 같이 신규상품을 등록한 이후 신상품 페이지를 꾸미고자 할 때 페이지별로 레이아웃을 바꿀 수가 있다. 다음 그림과 같이 레이아웃 구조를 보면 왜 그런지를 이해할 수 있다.

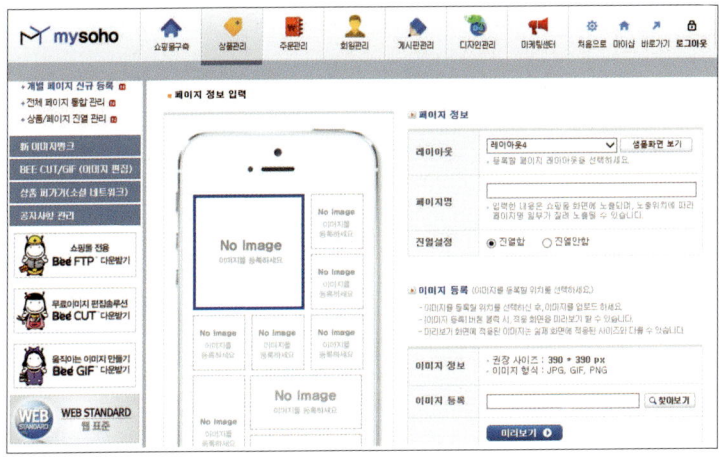

■ 마이소호 페이지 레이아웃 설정메뉴

CASE Consulting

모바일 쇼핑몰 구축하기 편

모바일 비즈니스 활용면에서 보면, 여러 분야 중 페이지에서 바로 매출이 연결되는 쇼핑몰분야가 가장 활발한 성과를 보이고 있는 것으로 보인다.
대기업 종합쇼핑몰들의 모바일 웹 및 앱 활용도는 매우 활발하고 국내 모바일 커머스를 이끌어가는 소셜커머스 업체들도 매우 활발하게 진행되고 있다. 모바일 고객(모티즌)들을 붙잡기 위해 발빠르게 서비스를 하고 있음을 앞서 이야기한 바 있다. 중소규모의 쇼핑몰 업체들도 모바일샵들을 어느 정도 잘 정비하고 운영하는 곳들이 다소 늘어나고 있는 것으로 보이지만 전체 쇼핑몰 운영수에 비하면 아직 작은 쇼핑몰에서의 모바일샵 준비 및 운영은 초기 시장으로 여겨진다. 시장의 빠른 변화에 맞추기 위해서 서둘러 모바일샵 운영을 진지하게 고려함이 필요할 것이다.
쇼핑몰을 모바일샵으로 운영하는 방법은 크게 3가지 방법으로 요약해볼 수 있다.

첫 번째, 임대형 솔루션을 이용하던 기존의 쇼핑몰 업체의 경우는 매우 간단하다. 이미 인터넷상으로 지원되는 임대형 쇼핑몰 솔루션 업체들이 기술적으로 인터넷샵과 모바일샵을 함께 운영할 수 있도록 만들고 있어 추가 비용없이 손쉽게 구축, 운영할 수 있다.

두 번째, 독립형 솔루션 사용자의 경우인데 우선 기존에 독립형 쇼핑몰 솔루션을 이용하던 업체들의 경우는 새롭게 모바일샵을 구축해야 하는 별도의 개발 작업이 필요하다. 이런 경우, 본문에서 소개한 마이 소호같은 간단하게 무료로 사용해볼 수 있는 모바일 쇼핑몰버전을 사용해보거나 혹은 모바일 버전이 이미 개발된 홈페이지요리사 같은 독립형 솔루션으로 갈아타는 방법이 있을 수 있다.
또한 앞으로 독립형 솔루션을 가지고 쇼핑몰 오픈을 하고자 하는 경우라면 모바일샵까지 동시에 구축이 되는 독립형 솔루션을 선택하면 된다.

세 번째, 모바일샵만을 운영해보고 싶은 경우에는 임대형 솔루션 중 비용이 들지 않는 최소한의 솔루션을 선택해서 모바일샵을 연동하거나 아예 마이 소호나 쿠킹엠 같은 모바일 쇼핑몰 전문 솔루션을 가지고 구축해 볼 수 있다.
모바일 커머스 분야는 모바일 구축 솔루션사들의 서비스 개발 행보가 빠르기 때문에 초보자도 큰 비용을 들이지 않고서도 모바일 웹이나 모바일 앱도 쉽게 구축할 수 있는 환경이 마련되고 있다.

무엇보다 필자가 책에서 소개한 다양한 서비스를 테스트한 결과 인터넷 쇼핑몰을 만드는 데 소요되는 노력보다 모바일 쇼핑몰을 만드는 것이 훨씬 간단하여 접근이 용이하였다. 이 처럼 쉽게 모바일샵을 구축할 수 있다는 점은 소상공인들이 모바일샵을 구축하기에 매우 큰 장점이 될 것이다.

CASE Story
봉지샵 여성의류 모바일 쇼핑몰

20~30대 감성적 여성의류 전문쇼핑몰 봉자샵의 모바일 쇼핑몰 활용 인터뷰 사례이다.

• 모바일 주소 : www.bongjashop.com

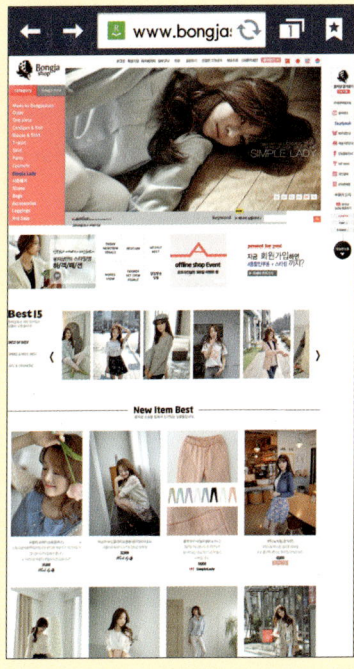

■ 봉자샵 쇼핑몰 모바일 버전

Q 모바일샵을 만들게 된 계기는?
스마트폰의 발달로 언제어디서나 자유로운 쇼핑이 가능해지면서 변화하는 시장상화에 대응하기위해 모바일샵을 만들게 되었습니다.

Q 언제 시작하였나?
2012년 12월에 오픈하게 되었습니다.

Q 모바일샵은 어떤 방식으로 오픈하게 되었나?(솔루션 등)
메이크샵이라는 통합 솔루션에서 모바일샵 기능이 제공되기 시작 하면서 PC 쇼핑몰과 모바일 쇼핑몰을 함께 오픈하게 되었습니다.

Q 모바일샵을 만들기 전과 이후의 변화가 있다면?
PC 쇼핑몰에서만 이루어지는 상품 결제가 모바일로도 가능해지면서 매출구조가 변화하게 되었습니다. 모바일샵을 만들기 전에는 PC 쇼핑몰에서 100퍼센트 결제가 이루어졌다. 하지만 모바일샵을 운영하고 있는 현재는 70퍼센트가 PC 쇼핑몰에서 이루어지고 30퍼센트 가량이 모바일에서 결제가 이루어지고 있습니다. 아직 PC상 결제가 익숙한 상황이라 비율이 더 많기는 하나 모바일 결제를 사람들이 점점 더 경험하고 익숙해진다면 비율은 더 올라갈 것으로 보고 있습니다.

Q 모바일샵을 이용하는 고객은 어떤 사람들인가?
어떠한 성향이라고 딱히 말할 수 있는 데이터 수치는 아직 없습니다. 모바일의 접근편리성 때문에 고액결제보다는 소액결제가 비중이 좀 높습니다. 모바일을 잘 활용하는 개인의 성향이라고 생각됩니다. 모바일샵으로 접근했다가 PC에서 다시 확인하고 구매하는 경향도 많이 있습니다. 한마디로 웹서핑을 모바일로 언제 어디서나 자유로이 하고, 주문 결제는 PC에서 상품을 최종 확인 후 진행하는 것이죠.

Q 모바일샵의 이용고객 현황은 어떠한가?
키워드 검색량 조회수가 이미 PC 조회수를 추월한 상황입니다. 그만큼 웹서핑 자체를 모바일에서 많이 한다는 의미일 것입니다. 모바일로 결제되는 규모는 PC 보다는 적지만 점점 늘어날 것으로 예상됩니다. 모바일샵만의 한계치는 분명 존재하겠지만 아직 성장 단계라 생각합니다. 핸드폰 단말기 속도나 기종이 좀더 고급기종으로 보편화 된다면 모바일 이용량은 더 증가할 것으로 예상 됩니다.

Q 모바일샵이 인터넷샵과 다른 점은 무엇이라고 생각하는가?
언제 어디서나 짧은 시간에 접근할 수 있다는 점이 가장 큰 장점이라고 생각합니다. 그리고 PC 웹서핑이 모바일 서핑으로 많이 옮겨 왔다고 생각합니다.

Q 귀사 모바일샵만의 특징을 살린 전략이 있다면?
아무래도 모바일 환경(속도)이 개인마다 다르니(기종의 차이) 원활하게 모바일샵이 구현 되는데 초점을 맞췄습니다. 그리고 사용자 편리성에 초점을 맞추어 모바일샵을 제작하였습니다. 전반적인 모바일 환경이 좋아 지면 좀 더 많은걸 보여줄 수 있을 걸로 예상됩니다.

Q 모바일샵의 성공포인트는 무엇이라고 보는지?
너무 많은걸 보여주기 보다는 핵심적인 것을 간략화해서 보여주는 것이 좋다고 생각합니다. 너무 많은걸 보여주려고 하면 페이지구성 자체가 복잡해져서 방문객은 흥미를 잃고 페이지를 이탈해 버린다고 생각합니다. 핵심적인 것을 간단하게 표현해서 구성 하거나 독특하게 만들어 고객 흥미를 유발 하는 게 성공 전략이라 생각합니다.

Q 앞으로의 모바일샵 시장 전망은?
전체적인 시장(모바일+PC) 규모 자체가 크게 늘어날 것으로 예상되지는 않고 고객이 이동한다고 생각 되어집니다. PC시장에서 모바일로의 이동을 말하는 것이죠. 그런데 현재 모바일샵으로의 이동은 늘어나는데 모바일샵 구축이 제대로 되어있지 않고 대응이 느리면 뒤처지는 건 당연한 결과 일 것입니다. 모바일쪽으로 빠르게 이동하는 구매패턴에 발맞춰 소비자 욕구를 충족하는 컨텐츠와 서비스를 제공해야 된다고 생각합니다.

Q 모바일샵을 오픈하고자 하는 이들에게 한마디 조언을 한다면?
모바일샵에서 보여줄 수 있는 부분이 PC보다 제한적이라는 점을 확실히 인식하시고 고객들에게 우리샵만의 특징을 어떻게 보여줄지를 고민한다면 훌륭한 모바일샵을 구축할 수 있을 것 같습니다. PC샵을 통한 매출이 높다고 해서 모바일은 그냥 잘 될 것이다라는 생각으로 모바일샵을 운영하면 원하는 결과를 얻지 못할 수 있습니다.
유명한 모바일샵들을 많이 보시고 연구하셔서 우리샵만의 재미난 요소를 모바일샵에 적용한다면 좋은 결과를 얻으실 수 있을 것 같습니다.

100만 회원이 선택한
온라인 도매시장 도매꾹

도매꾹에 상품을 등록하면, 100만 도소매업체가
인터넷 구석구석까지 등록하고 홍보!

국내 B2B 랭킹

종합 B2B부문 6년 연속 1위 사이트
(랭키닷컴 www.rankey.com, 2014년 7월 기준)
도매 오픈마켓으로는 국내 최대 규모

보유 회원수

100만이 넘는 회원에게 판매 할 수 있고
20만 가지가 넘는 상품 구매 가능

거래건수

1주일 평균 120여만 상품 거래
누구나 안심하고 사고 팔 수 있는 열린장터

최저수수료

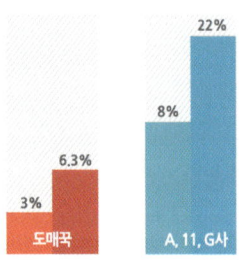

타사 대비 최저수수료 3%~6.3% (VAT별도)
타사 A, 11, G 회사 수수료 8% ~ 22%

돈버는 쇼핑 **도매꾹** domeggook.com